Stephanie Zibell

Bernhard Zibell
Zwei Schuhmacher aus
Sonnenberg bei Wiesbaden

Bibliografische Information der Deutschen Nationalbibliothek:
Die Deutsche Nationalbibliothek verzeichnet diese Publikation in der Deutschen Nationalbibliografie;
detaillierte bibliografische Daten sind im Internet über http://dnb.dnb.de abrufbar.

© 2020 Stephanie Zibell

Herstellung und Verlag: BoD – Books on Demand, Norderstedt

ISBN: 978-3-7526-1998-0

Bernhard Zibell – Schuhmacher aus Sonnenberg bei Wiesbaden

von

Stephanie Zibell

PROLOG

Im Nachlass der verstorbenen Klara Zibell fanden sich in einem ziemlich abgegriffenen und mehr oder weniger in Auflösung begriffenen Ordner einige, mengenmäßig recht überschaubare Familienpapiere. Dabei handelte es sich um ein Sammelsurium von Fakten aus verschiedenen Zeiten, die darüber hinaus ganz unterschiedliche Personen betrafen.

Dem Betrachter stellte sich nun die Frage: Wer ist wer? Wer ist mit wem und auf welche Weise verbunden? Daraufhin machte ich mich ans Werk. Zunächst versuchte ich, die einzelnen Personen, die in den Unterlagen erwähnt wurden, zu identifizieren, die Verwandtschaftsverhältnisse zu klären, sie in die richtige Reihenfolge zu bringen, um dann so viel wie möglich über die einzelnen Personen herauszufinden. Die rudimentären Angaben, die sich in den Familienpapieren fanden, reichten dazu auch nicht ansatzweise aus. Es mussten weitere, externe Unterlagen herangezogen werden. Die stammten beispielsweise aus verschiedenen Archiven, vom Bundesarchiv in Berlin angefangen, über das Hessische Hauptstaatsarchiv in Wiesbaden bis hin zum Wiesbadener Stadtarchiv. Andere Informationen konnten Büchern oder Internetquellen entnommen werden.

Und so entstand im Laufe der Zeit eine Art Familienchronik. Sie beruht im Großen und Ganzen auf vergleichsweise groben Fakten, die zu den Personen, ihren Lebensumständen und den Zeitläuften, in die sie eingebunden waren, zusammengetragen werden konnten. Auf diesem Weg war es immerhin möglich, den Informationen, die sich den Familienpapieren entnehmen ließen, eine Art „Leben" einzuhauchen. Dazu wurden ihre Inhalte analysiert, hinterfragt, unterfüttert und – ganz wichtig – miteinander verbunden und in Relation gesetzt, so dass daraus eine Art Geschichte werden konnte. Die ermöglicht es dem Leser, zumindest ein stückweit nachvollziehen, wie und wo die Vorfahren gelebt haben, und/oder welchen Zwängen sie unterworfen waren.

Das vorhandene und hinzugezogene Material reicht allerdings nicht dazu aus, um das Denken und Fühlen, die Überzeugungen, Hoffnungen, Wünsche, Sorgen oder Ängste, mit denen sich die Personen, die in dieser Familienchronik erwähnt werden, herumplagen mussten, nachvollziehbar zu machen. Deshalb vermag die vorgelegte Chronik nicht mehr zu leisten, als einen Überblick zu bieten. Aber wer sich die Mühe macht, sich zum Beispiel durch Hinzuziehen von Sekundärliteratur mit der Zeit und den Lebensumständen der Menschen, die in dieser Chronik auftauchen, intensiver zu befassen, wird eine Ahnung davon bekommen, wie sich das Leben der Mitglieder der Familie Zibell abgespielt hat.

Vielleicht stellen die hier gesammelten und präsentierten Informationen einen Anreiz für nachfolgende Generationen aus der Familie Zibell/Sonnenberg dar, die Chronik weiterzuführen und/oder, sofern möglich, durch weitere Recherchen zu vertiefen. Für andere Personen, insbesondere solche, die auch Zibell heißen, aber womöglich an einem ganz anderen Ort leben oder lebten, als die Zibells, von denen im folgenden Text die Rede ist, macht die vorliegende Chronik vielleicht Lust auf eigene Familienforschung, in deren Verlauf sich eventuell herausstellt, wer mit wem verwandt war – mit anderen Worten: Wo die Wurzeln, die Ursprünge der Familie(n) Zibell zu suchen sind.

Viel Spaß bei der Lektüre und potenziellen eigenen Recherchen wünscht

Stephanie Zibell

Am 20. März 1828 wurden der Schäfer Johann Ziebell und seine Frau Anna Neubauer Eltern eines Sohnes. Das Kind kam entweder in Christfelde oder in Barkenfelde, beides Ortschaften in der Nähe des damals westpreußischen Ortes Schlochau, zur Welt. Der Junge, der drei Tage später, am 23. März 1828, in Christfelde getauft wurde, erhielt die Vornamen Johann Georg.[1] Johann Georg – allgemein nur Johann genannt – lebte wahrscheinlich in Christfelde oder in der näheren Umgebung. Wo und wie lange er zur Schule ging, ist nicht bekannt. Fest steht nur, dass er zur Schule gegangen sein muss, denn in Preußen bestand seit 1717 Schulpflicht. Alle Kinder – also sowohl Jungen als auch Mädchen – zwischen zunächst fünf und zwölf, später dann zwischen sechs und vierzehn Jahren, – sollten im Lesen, Schreiben und Rechnen sowie im „nöthigste[n] vom Christenthum" unterwiesen werden.[2]

Was Johann Georg nach Beendigung der Schulzeit gemacht hat, ist nicht bekannt. Einer im Besitz der Familie Zibell befindlichen Quelle ist zu entnehmen, dass Johann Georg von Beruf Küfer gewesen sei.[3] Es ist demnach möglich, dass er nach der Schule eine Lehre als Küfer, also Fassmacher, absolviert hat. An anderer Stelle wird als Berufsbezeichnung „Eigenkäther" angegeben.[4] Ein „Eigenkäther", zuweilen auch als Kät(h)er, Köter oder Kötter bezeichnet, war der Besitzer eines zumeist am Ortsrand gelegenen kleinen Hauses, zu dem ein Stück Land gehörte. In der Regel reichte der Ertrag, den der Käther durch Ackerbau und ein wenig Viehzucht erwirtschaftete, nicht zum Leben aus. Deshalb war er oftmals genötigt, sich nebenbei bei einem Bauern oder Handwerker entweder als Tagelöhner oder „fester Mitarbeiter" zu verdingen. Von daher ist es nicht ausgeschlossen, dass Johann Georg – neben seiner kleinen Landwirtschaft – als Küfer gearbeitet hat.[5]

---

[1] Auszug aus dem Taufregister der evangelischen (sic!) Pfarrkirche Schlochau, Jahrgang 1828 Nr. 15 (beglaubigte Abschrift durch das evangelische Pfarramt zu Schlochau vom 11. Juni 1942). Demzufolge wurde Johann Georg Ziebell in Christfelde geboren. Im undatierten Ahnenbrief der Familie Zibell wird als Geburtsort Barkenfelde angegeben. Unklar bleibt, aus welchem Grund Johann Georgs Name im evangelischen Taufregister erscheint. In anderen Quellen, zum Beispiel der beglaubigten Abschrift der Traubescheinigung des katholischen Pfarramts Förstenau vom 3. September 194[…] (unleserlich), wird als Konfession katholisch angegeben.

[2] Vgl. Bundeszentrale für Politische Bildung: file:///C:/Users/DR99D9~1.STE/AppData/Local/Temp/Zeitleiste.pdf (darin Zitat) u. https://deutsches-schulportal.de/bildungswesen/schulpflicht-kalenderblatt-28-september-1717/ [10.07.2020].

[3] Angabe zu Johann Georg Zi(e)bell; in: Familienstammbuch der Eheleute Bernhard Hieronimus Zibell und Maria Driesang 1912.

[4] Beglaubigte Abschrift Traubescheinigung katholisches Pfarramt Förstenau vom 3. September 194[…] (unleserlich).

[5] Zum Berufsbild des „Eigenkäthers" vgl. http://home.wtnet.de/~jsuhrbier/berufe.htm [10.07.2020].

Von Johann Georg Zi(e)bell ist weiterhin bekannt, dass er zwei Mal verheiratet war. Wann und wo die erste Eheschließung erfolgte, mit wem er verheiratet war, und ob aus dieser Ehe Kinder hervorgegangen sind, ist nicht überliefert. Nachgewiesen werden kann jedoch seine zweite Hochzeit. Am 17. November 1874 heiratete der damals 46-jährige Johann Georg die am 21. Januar 1853 geborene und damit ein gutes Vierteljahrhundert jüngere Theresia Blank. Die zum Zeitpunkt der Eheschließung 21 Jahre alte Frau war die Tochter des verstorbenen Eigenkäthers Johann Blank aus Stegers, einer ebenfalls im Kreis Schlochau gelegenen Ortschaft, in der Theresia, zuweilen auch Therese genannt, geboren worden war.[6]

II. BERNHARD HIERONIMUS ZIBELL IN BISCHOFSWALDE/KREIS SCHLOCHAU

Vierzehn Jahre später, am 20. April 1888, kam der gemeinsame Sohn Bernhard Hieronimus in Bischofswalde/Kreis Schlochau zur Welt. Johann Georg war damals bereits 60 Jahre alt, Theresia 35. Möglicherweise war Bernhard Hieronimus weder das erste noch das einzige Kind des Ehepaars. Entsprechende Informationen sind bedauerlicherweise nicht überliefert. Belegt ist hingegen, dass Bernhard Hieronimus zwei Tage nach seiner Geburt, also am 22. April 1888, in der katholischen Kirche in Christfelde getauft wurde.[7]

---

[6] Beglaubigte Abschrift Traubescheinigung katholisches Pfarramt Förstenau vom 3. September 194[…] (unleserlich). Ahnenbrief o.D. Dass Namensschreibweisen – selbst in offiziellen Dokumenten – differieren, ist für die damalige Zeit nichts Ungewöhnliches.
[7] Ahnenbrief o.D. Taufschein (Abschrift) katholisches Pfarramt Christfelde vom 30. Oktober 1912.

Im Alter von sechs Jahren erfolgte Bernhard Hieronimus' Einschulung. Insgesamt acht Jahre lang, vermutlich bis Ostern 1902, besuchte er die Volksschule in Bischofswalde. Nach Beendigung der Schulzeit war er – eigenen Angaben zufolge – ein Jahr lang in der Landwirtschaft tätig. Unklar ist, ob er sich aus finanziellen Gründen bei einem Bauern verdingt hatte, oder ob er seinen Eltern zur Hand gehen musste. Fest steht hingegen, dass er nach seinem Jahr in der Landwirtschaft als dann 15-Jähriger um das Jahr 1903 eine Ausbildung zum Schuhmacher begann.[8] Sein Lehrherr war der Schuhmachermeister Karl Schwanz aus Bischofswalde. Am 5. Januar 1907 bestand er seine Gesellenprüfung. Daraufhin wurde ihm am gleichen Tag der Lehr- oder Gesellenbrief ausgehändigt.

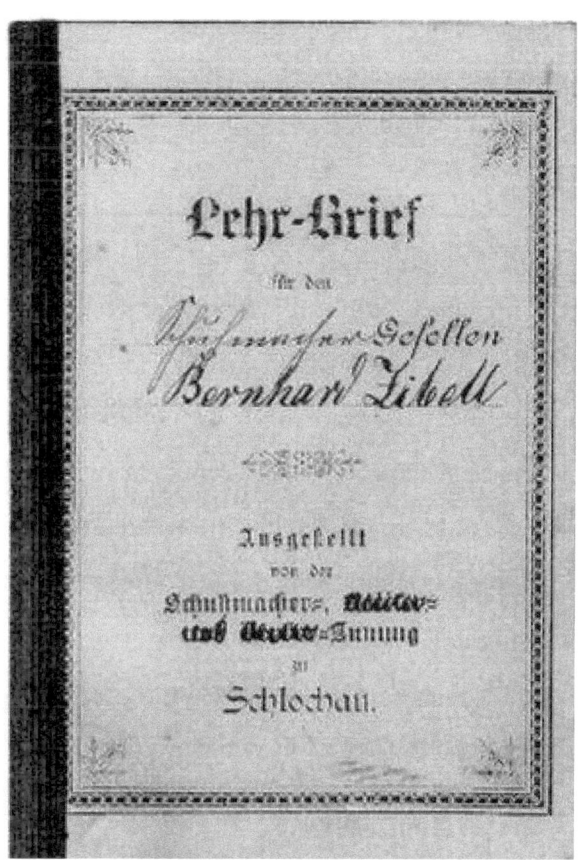

Wörtlich hieß es darin: „Hierdurch bescheinigen wir, daß der Schuhmacherlehrling Bernhard Zibell[,] geboren am 20ten April 1888 zu Bischofswalde[,] die Schuhmacher-Profession bei dem Meister Karl Schwanz in Schlochau erlernt, auch laut Prüfungs-Zeugniß vom 5ten Januar 1907 seine Gesellen-Prüfung bestanden hat. Wir ertheilen ihm daher diesen Lehrbrief mit

---

[8] Lebenslauf Bernhard Hieronimus Zibell vom 28. Februar 1921.

Unterschrift und Beidrückung unseres Innungs-Siegels. Schlochau, den 5ten Januar 1907[.] Der Vorstand der Schuhmacher-Innung. Teschke. Obermeister."[9]

III. BERNHARD HIERONIMUS ZIBELL AUF DER WALZ UND BEIM MILITÄR

Anschließend begab sich der frisch gebackene Geselle, wie damals üblich, auf die Walz[10], um in den nächsten drei Jahren plus einem Tag, wie es gemeinhin gefordert wurde, durch fremde Dörfer, Städte, Regionen oder sogar Länder zu wandern. Auf diese Weise sollten junge, unge- bundene – also ledige und kinderlose – Handwerker wie Bernhard Hieronimus nicht nur andere Menschen, Sitten, Gebräuche und Landschaften kennenlernen, sondern sich darüber hinaus auch mit differierenden Arbeitsweisen, -techniken sowie -materialien vertraut machen. Ihrer Heimat duften die Tippelbrüder, wie die reisenden Handwerksgesellen zuweilen auch genannt wurden, in jenen drei Jahren nicht näher als 50 Kilometer kommen. Abstecher nach Hause wa- ren demnach nicht erwünscht.[11]

Wahrscheinlich kam Bernhard Hieronimus, spätestens gegen Ende seiner Tippelei, also um 1909, nach Wiesbaden, das ihm durch seinen Ruf als „Weltkurstadt" und „Nizza des Nordens" eventuell bekannt war und den Anreiz für einen „Besuch" bildete. Anders ist es kaum zu erklä- ren, dass er seinen Wehrdienst bei dem in Wiesbaden stationierten Füsilier-Regiment Nr. 80 ableistete. Gemäß Reichsverfassung sowie der darauf basierenden Gesetzgebung, darunter das Reichsmilitärgesetz und das „Gesetz, betreffend die Friedenspräsenzstärke des deutschen Hee- res" vom 3. August 1893, mussten junge Männer einen zwei Jahre dauernden Militärdienst ableisten. Ab dem 1. Januar des Jahres, in dem sie das 20. Lebensjahr vollendeten, konnten sie einberufen werden. Folglich wurde Bernhard Hieronimus, der zum Zeitpunkt des Endes seiner Tippelei im Jahr 1909 das 20. Lebensjahr vollendet hatte, also seinen 21. Geburtstag feierte, in jenem Jahr zum Militärdienst einberufen. Zwei Jahre später, 1911, wurde er aus dem aktiven Militärdienst entlassen. Da es ihm in Wiesbaden offensichtlich gefiel, blieb er in der Stadt und begann wieder in seinem erlernten Beruf zu arbeiten.[12] In welchem Betrieb er damals tätig war, konnte nicht ermittelt werden.

---

[9] Prüfungszeugnis und Lehrbrief Bernhard Hieronimus Zibell vom 5. Januar 1907.
[10] Lebenslauf Bernhard Hieronimus Zibell vom 28. Februar 1921.
[11] Zur Walz vgl. https://www.zunft.de/Auf-der-Walz [10.07.2020].
[12] Lebenslauf Bernhard Hieronimus Zibell vom 28. Februar 1921.

Gewohnt hat er offenbar in einem Zimmer im Haus des katholischen Gesellenvereins in der Dotzheimer Straße 24. Möglicherweise kannte er die Institution, die ledigen katholischen Handwerksgesellen Unterkunft bot, schon seit seinem ersten Eintreffen in Wiesbaden um 1909. Im Jahr zuvor, also 1908, hatte die preußische Regierung die Einrichtung des katholischen Gesellenvereins als „Fortbildungsschule" anerkannt. Die Männer, die dort untergekommen waren oder die Räumlichkeiten in der Dotzheimer Straße 24 mehr oder weniger regelmäßig aufsuchten, konnten hier an Seminaren in den Bereichen Lesen, Schreiben, Rechnen oder Zeichnen teilnehmen. Des Weiteren gab es eine Bibliothek, die die Besucher unentgeltlich nutzen konnten. Aber nicht nur auf Aus- und Weiterbildung wurde im Haus des katholischen Gesellenvereins großen Wert gelegt, sondern ausdrücklich auch auf Gemeinschaft, Gesellschaft und Unterhaltung. So gab es einen Rauch- und Debattierclub, es wurde gesungen und ausgiebig Fasching gefeiert. Zu diesem Zweck hatte man im Haus extra einen über 300 Quadratmeter großen Festsaal einrichten lassen.[13]

Spätestens im Jahr 1911, also nach seiner Entlassung aus dem Militärdienst, dürfte Bernhard Hieronimus die Bekanntschaft einer jungen Frau gemacht haben. Dabei handelte es sich um Marie Driesang, geboren am 3. Mai 1891 in Traisen, einem kleinen Dorf bei Norheim an der Nahe im Kreis (Bad) Kreuznach.[14] Marie arbeitete als Hausmädchen und wohnte in Wiesbaden in der Nettelbeckstraße 24.[15]

Bei wem Marie beschäftigt war, und wie lange sie schon in Wiesbaden lebte, ist nicht bekannt. Gleiches gilt für die Gründe, die sie bewogen haben, ihren Heimatort zu verlassen und nach Wiesbaden zu ziehen. Denkbar wäre es, dass sie hoffte, in der Stadt eine bessere Verdienstmöglichkeit zu finden. Es wäre aber ebenso gut möglich, dass ihr ihre Familie den Wegzug nahegelegt hatte, damit ihre Eltern, Johann und Margarethe Driesang[16], eine Person weniger versorgen mussten. Dass Marie ausgerechnet Wiesbaden als Wohnsitz wählte, ist insofern nachvollziehbar, als hier ein Verwandter von ihr ansässig war. Dabei handelte es sich um den Lackierergehilfen Franz Höling, der wahrscheinlich ein Bruder der Mutter Maries und damit

---

[13] Zum katholischen Gesellenverein Wiesbaden vgl. https://www.kolping-wiesbaden.de/index.php/organisation/historie [13.07.2020].

[14] Familienstammbuch der Eheleute Bernhard Hieronimus Zibell und Maria Driesang 1912.

[15] Heiratsurkunde Bernhard Hieronimus Zibell und Marie Driesang vom 12. November 1912, Nr. 779/1912.

[16] Zu Maries Eltern vgl. Ahnenbrief o.D.

ihr Onkel war. Höling lebte bereits seit Anfang des 20. Jahrhunderts in Wiesbaden. Es ist denkbar, dass er die junge Frau in seinen um 1911/12 im Hinterhaus in der Nettelbeckstraße 24 befindlichen Räumlichkeiten beherbergte.[17]

V. HOCHZEIT MIT MARIE DRIESANG

Im Jahr 1912 wurde Marie schwanger. Bernhard Hieronimus und sie beschlossen daraufhin zu heiraten. Wie damals üblich wurde zunächst das Aufgebot bestellt. Wörtlich hieß es darin: „In der Aufgebotssache Ziebell (sic) und Driesang ist Termin zur Eheschließung auf Samstag den 9ten November 1912 Punkt 3 ¾ Uhr Nachmittags festgesetzt. Zum Termin sind zwei großjährige, dem Standesbeamten entweder persönlich bekannte, oder gehörig legitimierte Zeugen mitzubringen. Falls Änderungen des Eheschließungstermins gewünscht wird, so ist dieses mindestens zwei Tage vorher dem Standesbeamten anzuzeigen."[18] Bernhard Hieronimus und Marie, inzwischen im sechsten Monat schwanger, waren mit dem vom Standesamt vorgegebenen Termin ganz offensichtlich einverstanden. Jedenfalls fanden sich die beiden, in Begleitung von zwei „großjährigen" und „gehörig legitimierten" Trauzeugen, am 9. November 1912 auf dem Wiesbadener Standesamt ein, um die Ehe zu schließen. Bei den Trauzeugen handelte es sich um Franz Höling, Marias Verwandten, und den Dekorationsmaler Albert Hünwald, wohnhaft Wiesbaden, Frankenstraße 25. Möglicherweise kannte Bernhard Hieronimus Hünwald vom Militär, denn der wies sich gegenüber dem Standesbeamten mit seinem Militärpass aus. Vielleicht hatten die beiden sich aber auch über den katholischen Gesellenverein und dessen Aktivitäten kennengelernt. Des Weiteren ist unklar, ob bei der standesamtlichen und später der kirchlichen Trauung, die am 10. November 1912 stattfand, noch andere Gäste zugegen waren, zum Beispiel Familienangehörige, wie Maries Eltern, die in Norheim lebten, oder Bernhard Hieronismus' Mutter, die weiterhin in Christfelde wohnte. Der Vater des Bräutigams, Johann Georg Zibell, der zum Zeitpunkt der Hochzeit des Sohns 84 Jahre alt gewesen wäre, war zwischenzeitlich verstorben. Ob Bernhard Hieronimus ihn nach seinem Entschluss, auf die Walz zu gehen, überhaupt noch einmal wiedergesehen hat, ist nicht bekannt.[19]

---

[17] Adressbuch Wiesbaden 1901/1902 sowie 1912 und 1913. Heiratsurkunde Bernhard Hieronimus Zibell und Marie Driesang vom 12. November 1912, Nr. 779/1912.
[18] Aufgebot Zibell/Driesang, o.O., o.D.
[19] Heiratsurkunde Bernhard Hieronimus Zibell und Marie Driesang vom 12. November 1912, Nr. 779/1912.

Wenige Tage vor seiner Hochzeit, konkret am 31. Oktober 1912, war Bernhard Hieronimus bei der Bürgermeisterei des damals noch nicht nach Wiesbaden eingemeindeten Orts Sonnenberg vorstellig geworden und hatte die Eröffnung eines Schuhmacherbetriebs für den 1. November 1912 angezeigt. Am 2. November 1912 bescheinigte ihm die Gemeinde: „Es wird hiermit angezeigt, daß der Schuhmacher Bernhard Ziebell (sic) am 31./10.12 mündlich gemäß §. 15 KGO [Kaiserliche Gewerbeordnung] angezeigt hat, daß er am 1. d.[es] Mts. [Monats] den Gewerbebetrieb als Schuhmacher in Sonnenberg begonnen habe."[20]

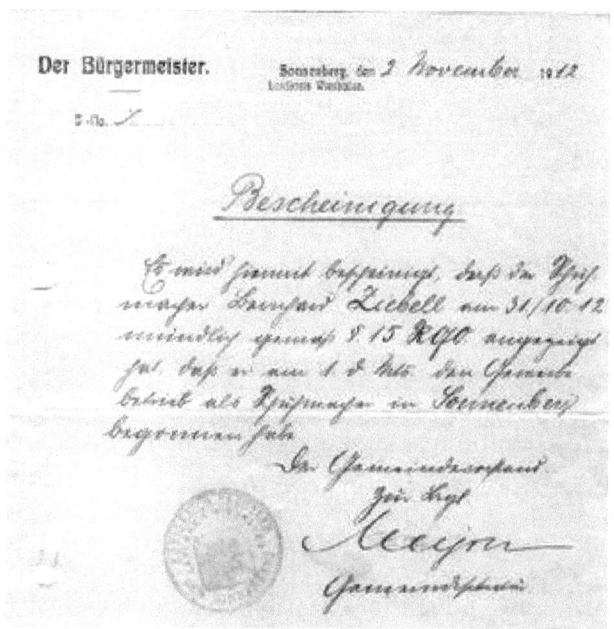

Auch in seinem Lebenslauf findet sich der Hinweis, dass er ab 1912 in Sonnenberg als selbstständiger Schuhmacher tätig geworden sei.[21] Allerdings tritt er weder im Gewerbeverzeichnis noch im Einwohnerverzeichnis der im Jahr 1913 3.855 Einwohner umfassenden Gemeinde Sonnenberg in Erscheinung. Erst im darauffolgenden Jahr, also 1914, ist er in den Verzeichnissen zu finden.[22] Es ist davon auszugehen, dass Bernhard Hieronimus tatsächlich bereits seit Ende 1912 in Sonnenberg gelebt und gearbeitet hat. Das Adress- und Gewerbeverzeichnis für Sonnenberg hinkte den aktuellen Entwicklungen vor Ort notgedrungen etwas hinterher, weil es doch einige Zeit in Anspruch nahm, das Verzeichnis zu erstellen und schließlich in den Druck

---

[20] Bescheinigung Bürgermeisterei Sonnenberg vom 2. November 1912.
[21] Lebenslauf Bernhard Hieronimus Zibell vom 28. Februar 1921.
[22] Adressbuch Wiesbaden 1913 und 1914.

zu bringen. Insofern spiegelt das Adressbuch eines Jahres mehr oder weniger den Stand des Vorjahres wider.

Im Jahr 1914 ist Bernhard Hieronimus dann im Adress- und Gewerbeverzeichnis nachweisbar. Als Wohn- und Arbeitsort erscheint die Schlagstraße 14. Dort betrieb – wahrscheinlich bis zum 1. November 1912 – der Schuhmacher Karl August Ott sein Geschäft. Eventuell musste Ott seinen Betrieb seinerzeit aus gesundheitlichen Gründen aufgeben. Die Vermutung liegt insofern nahe, als Ott am 27. Januar 1916 in Sonnenberg im Alter von 41 Jahren in seiner Wohnung, in der Platterstraße 13, heute Hirtenstraße, verstorben war. Folglich hatte er seine Geschäfts- und Wohnräume in der Schlagstraße 14 auf- bzw. an Bernhard Hieronimus übergeben und war, gemeinsam mit seiner Ehefrau Anna, in die nahegelegene Platter Straße verzogen.[23]

Als Bernhard Hieronimus und Maria zu Sonnenberger Einwohnern wurden, bekleidete der 1874 geborene Louis Buchelt das Amt des Bürgermeisters.[24] Der Ort bot den beiden Neubürgern alles, was man zum Leben brauchte – und außerdem einiges darüber hinaus, wie zum

---

[23] Adressbuch Wiesbaden 1913 und 1914. Sterbeurkunde Karl August Ott, Sterberegister Sonnenberg Nr. 3/1916.

[24] Buchelt wurde am 6. Februar 1874 in Gusitz/Krs. Glogau, Niederschlesien, geboren. Er starb am 8. September 1926 in seiner Wohnung in der Wiesbadener Straße 52, heute Danziger Straße, in Sonnenberg. Buchelt war verheiratet mit Ella Kuhnert. Zum Zeitpunkt seines Todes hatte er noch immer das Amt des Bürgermeisters inne; vgl. Sterbeurkunde Buchelt; in: Sterberegister Sonnenberg 1926.

Beispiel acht Apfelweinkeltereien, eine Cognacbrennerei (in der Gartenstraße) sowie zwei Flaschenbierhandlungen (in der Talstraße und in der Bierstadter Straße, heute Schupp-Straße). Es gab zwei Obst- und Gemüsehändler (in der Wiesbadener Straße, heute Danziger Straße, und in der Langgasse, heute An der Stadtmauer), 23 Kolonialwarenhandlungen, 16 Kurzwarenhändler, vier Barbiere, also Friseure, neun Metzger, vier Milchhändler, des Weiteren fünf Eiswerke, zwei Ärzte, eine Apotheke, zwei Drogerien sowie diverse Handwerksbetriebe, vom Dachdecker bis zum Zimmermann.[25]

Manufaktur-Geschäft Christiane Preißig, Talstraße

Wenige Monate nach dem Zuzug des Ehepaars nach Sonnenberg kam dort, in der Schlagstraße 14, ihr erstes gemeinsames Kind zur Welt. Bernhard Josef wurde am 21. Februar 1913 geboren. Im darauffolgenden Jahr, am 11. Oktober 1914, kam Tochter Erna zur Welt. [26] Wer Maria bei den Geburten beigestanden hat, ist nicht bekannt. Möglicherweise war es die seit der Jahrhundertwende in Sonnenberg als Hebamme tätige Anna Elise Hettich, Witwe des 1897 im Alter von 24 Jahren verstorbenen Sohns des in Sonnenberg ansässigen Tagelöhners und „Privat-Metzgers" Wilhelm Hettich.[27] Vielleicht war es aber auch die Ehefrau des seit etwa 1912 in der Talstraße 22 ansässigen Werkmeisters Andreas Bauer, die ebenfalls als Hebamme in

[25] Adressbuch Wiesbaden 1912 (Gewerbeverzeichnis Sonnenberg).
[26] Familienstammbuch der Eheleute Bernhard Hieronimus Zibell und Maria Driesang 1912.
[27] Adressbuch Wiesbaden 1899/1900 bis 1917. Anna Elise Hettich hatte nach dem Tod ihres Mannes Theodor August Karl Moritz Hettich, der am 9. August 1897 in Sonnenberg verstorben war, offenbar zunächst als Obsthändlerin und Tagelöhnerin gearbeitet, ehe sie sich um 1899/1900 dem Hebammen-Gewerbe zuwandte. Theodor Hettich hatte sich bis zu seinem Tod zeitweilig als Metzgergehilfe, Obsthändler und Flaschenbierhändler verdingt. Später wurde er als Invalide bezeichnet. Vgl. Adressbücher Wiesbaden 1894/95 bis 1897/98.

Sonnenberg wirkte.[28] Angezeigt wurden beide Geburten jedenfalls durch den Kindsvater selbst, also Bernhard Hieronimus, weshalb unklar ist, ob überhaupt eine Hebamme gerufen worden war.[29]

VII. FAMILIE ZIBELL UND DER 1. WELTKRIEG

Als Erna zur Welt kam, war der 1. Weltkrieg bereits ausgebrochen. Am 1. August 1914 hatte das Deutsche Reich zunächst Russland und am 4. August 1914 dann Frankreich den Krieg erklärt. Daraufhin musste auch Bernhard Hieronimus in den Krieg ziehen. Allerdings ist nicht bekannt, wann genau er eingezogen worden ist. In seinem Lebenslauf aus dem Jahr 1921 heißt es lediglich: „Von 1912 bin ich nach Sonnenberg und habe mich selbstständig gemacht, und habe mein Geschäft jetzt neun Jahre, davon geht die Kriegszeit ab."[30] Es ist nicht bekannt, ob Bernhard Hieronimus den Krieg – zumindest zum Zeitpunkt des Ausbruchs – begrüßt hat und begeistert ins Feld gezogen ist, oder ob er sich der Einberufung zum Militär – wohl oder übel – gefügt hat. Über den Krieg und seine Kriegserlebnisse hat der Schuhmacher später nie gesprochen, jedenfalls nicht im Beisein von Sohn und Tochter.

Unterlagen, die Bernhard Hieronimus' Dienstzeit komplett nachvollziehbar machen, sind in den einschlägigen Archiven nicht zu finden, da viele Dokumente im Zuge der Zerstörungen während des 2. Weltkriegs verloren gegangen sind. Informationen über die Angehörigen der preußischen Armee sind ausschließlich den unzerstört gebliebenen Krankenunterlagen zu entnehmen. Das bedeutet, dass über den Weltkriegs-Soldaten Bernhard Hieronimus Zibell nur dann etwas herausgefunden werden kann, wenn er sich zwischen 1914 und 1918 in einem Lazarett aufgehalten hat. Das war tatsächlich der Fall. Während seiner Dienstzeit musste sich Bernhard Hieronimus nachweislich zwei Mal in einem Lazarett behandeln lassen. Das erste Mal erkrankte er Ende Juni/Anfang Juli 1915. Damals nahm er als Angehöriger der 11. Kompanie des Reserve-Infanterie-Regiments 118, XXV. Reservekorps, am Ostfeldzug teil. Am 4. Juli 1915 wurde er vom Kriegslazarett im – heute polnischen – Przemyśl in das Reserve-Lazarett Kreuzburg in Oberschlesien verlegt und dort wegen eines „Magenkatarrhs" behandelt. Wenige Tage später, am 13. Juli 1915, erfolgte seine Entlassung aus dem Lazarett. Ob er sodann an seinen vorherigen Einsatzort zurückgebracht oder an einen anderen verlegt wurde, ist den

---

[28] Adressbuch Wiesbaden 1913.
[29] Schriftliche Auskunft des Stadtarchivs Wiesbaden vom 28. Juli 2020.
[30] Lebenslauf Bernhard Hieronimus Zibell vom 28. Februar 1921.

Unterlagen nicht zu entnehmen. Darin heißt es lediglich: „Abgang am 13.07.1907 [...] verlegt mit Lazarettzug."[31] Im September 1917 erkrankte Bernhard Hieronimus erneut so schwer, dass er in ein Lazarett eingeliefert werden musste. Am 9. September 1917 erfolgte seine Überstellung vom Kriegs-Lazarett 51a in das „Kriegs-Lazarett II der Kriegs-Lazarett Abteilung 126" im belgischen Couvin. Demnach hatte Bernhard Hiernomius, als Angehöriger der 7. Kompanie des Reserve-Infanterie-Regiments 88, am Westfeldzug teilgenommen. Bis zum 26. Juni 1917 befand sich der an Ruhr erkrankte Soldat im Kriegs-Lazarett Couvin, ehe er in die „Leichtkrankenabteilung Couvin" verlegt werden konnte.[32]

Nach dem Krieg kehrte Bernhard Hieronimus nach Sonnenberg zurück und nahm seinen Schuhmacher-Betrieb wieder auf. Im Gewerbe- und Adressverzeichnis des Jahres 1918 erscheint die Familie allerdings nicht.[33] Das könnte damit zusammenhängen, dass sich Maria im Laufe des Krieges eventuell entschlossen hatte, Sonnenberg vorübergehend zu verlassen. Möglicherweise war sie mit ihren beiden Kindern zu ihren Verwandten nach Norheim gezogen, weil die Versorgungslage mit Lebensmitteln auf dem Land, ganz besonders in den Hungerjahren ab 1916, deutlich besser war als im Stadtbereich.

Die spätestens ab 1916 zunehmende Lebensmittelknappheit, die damit verbundene Rationierung und die daraus resultierende Verteuerung der gesamten Lebenshaltungskosten konnte durch die Unterstützung, die sowohl das Reich als auch die Stadt Wiesbaden den Soldatenfrauen und ihren Kindern zukommen ließen, nicht aufgefangen werden. Auch der Sold, den Bernhard Hieronimus erhielt, vermochte wenig zur Lösung der Probleme beizutragen, denen sich Maria und ihre Kinder ausgesetzt sahen. Gemäß dem „Gesetz über die Unterstützung von Familien in den Dienst eingetretener Mannschaften" vom 28. Februar 1888 sollten Soldatenfrauen monatlich mit neun Mark – im Winter zwölf Mark – unterstützt werden. Pro Kind wurden sechs Mark aufgeschlagen. „Die Kommunen waren gesetzlich verpflichtet, diese Summe bis zu dem Betrag aufzustocken, den sie für die Lebenshaltung als notwendig erachteten. Die Stadt Wiesbaden zahlte bereits zu Kriegsbeginn einen Aufschlag von 100 Prozent auf die Reichsunterstützung [...]. Als anspruchsberechtigt galt jede Familie, deren Einkommen vor dem Krieg nur aus Lohnarbeit bestand [...]."[34] Ab November 1914 gewährte die Stadt den

---

[31] Bundesarchiv (BA) Berlin/Krankenbuchlager B578/23629, S.012.
[32] BA Berlin/Krankenbuchlager B 578/26296, S. 065.
[33] Adressbuch Wiesbaden 1918.
[34] Hendrik Schmehl: Den „Ehrenschild rein gehalten..." Die Kurstadt Wiesbaden im Ersten Weltkrieg. Dissertation in Geschichte. Universität Potsdam 2017, S. 275. Zur Unterstützung der Soldatenfrauen durch Reich und

Soldatenfrauen 22 Mark und das Reich 12 Mark plus Kinderzuschlag. Im Jahr 1915 waren es 15 Mark vom Reich und 25 Mark von der Stadt, ab November 1916 20 Mark vom Reich und 34 Mark von der Stadt und im Jahr 1918 25 Mark vom Reich und noch immer 34 Mark von der Stadt.[35]

VIII. NACH DEM KRIEG

Bernhard Hieronimus war zwar in dem Sinne kein Arbeitnehmer, womöglich erhielt seine Frau aber trotzdem eine entsprechende Unterstützung. Andernfalls wäre Maria auf die Armenfürsorge angewiesen gewesen oder hätte sich eine Arbeit suchen müssen, was mit zwei Kleinkindern nahezu aussichtslos gewesen sein dürfte. Letzteres könnte definitiv ein Grund für sie gewesen sein, Wiesbaden – eventuell in Richtung Norheim – zu verlassen. Es kann aber auch ganz andere Gründe dafür gegeben haben, dass die Familie Zibell im Adressverzeichnis des Jahres 1918 nicht erscheint. Fest steht jedoch, dass Bernhard Hieronimus und Maria mit ihren beiden Kindern nach dem Krieg, definitiv ab 1919, wieder in Sonnenberg ansässig waren, ab spätestens 1920 aber nicht mehr in der Schlagstraße 14, sondern in der Rambacher Straße 3. Dort befand sich fortan auch Bernhard Hieronimus' Werkstatt.[36]

In Bezug auf seine über das Berufliche hinausgehenden Interessen ist von und über ihn nur sehr wenig bekannt. Der Mensch Bernhard Hieronimus bleibt dem Betrachter demnach fremd. Niemand weiß, ob er gerne in die Wirtschaft ging, um ein Bier, einen Apfelwein oder ein Schnäpschen zu trinken, und falls ja, welche der – laut Adressverzeichnis von 1914 – immerhin 17 Gaststätten er am liebsten oder vielleicht sogar regelmäßig aufsuchte. Verkehrte er eventuell in der in der Schlagstraße 5 von Wilhelm Völker betriebenen „Deutschen Einheit"? Oder in Heinrich Möllers „Zum Kaiser Adolf" in der Talstraße 3? Vielleicht gehörte er aber auch zu den Gästen der Wirtschaft „Zum Philippsthal", die Otto Etz in der Rambacher Straße 15 führte? Oder bevorzugte er die von Josef Klein betriebene „Stickelmühle" am Rande des Goldsteintals? Genauso wenig weiß man, mit wem Bernhard Hieronimus befreundet war. Pflegte er Kontakt zu seinen Schuhmacher-Kollegen, oder standen sich die Männer eher ablehnend gegenüber, weil jeder in dem anderen einen Konkurrenten sah? Mochte Bernhard Hieronimus zum Beispiel

---

Kommune vgl. auch Birthe Kundrus: Kriegerfrauen. Familienpolitik und Geschlechterverhältnisse im Ersten und Zweiten Weltkrieg. Hamburg 1995.
[35] Schmehl, S. 276.
[36] Adressbuch Wiesbaden 1920. Dass die Familie Zibell 1919 in Sonnenberg lebte, beweist das Zeugnisheft der Volksschule Sonnenberg für den Sohn Bernhard Josef vom 1. April 1919.

Carl Dörr aus der Talstraße 1 oder Heinrich Keese aus der Jungferngartenstraße 2, der einige Jahre später die Werkstatt von Jean Höfel in der Adolfstraße 5 übernehmen sollte?[37] Es ist auch nicht überliefert, ob Bernhard Hieronimus ein fröhlicher oder eher zurückhaltender Mensch war, ein liebevoller Ehemann und Vater oder eher eine auf sich selbst fixierte Person. Bekannt ist nur, dass er dem 1865 gegründeten Männergesangverein „Gemüt(h)lichkeit" angehört hat. Wahrscheinlich war er auch noch in anderen Vereinen Mitglied, die aber namentlich nicht bekannt sind.[38] Des Weiteren weiß man auch nichts über die politischen Ansichten Bernhard Hieronimus'. War er an Politik eher uninteressiert, oder handelte es sich bei ihm um einen überzeugten Anhänger der Monarchie? Es wäre natürlich auch denkbar, dass der Katholik Bernhard Hieronimus dem politischen Katholizismus anhing, oder – auch das ist nicht unmöglich – ein Unterstützer der Arbeiterbewegung war.

IX. MEISTERPRÜFUNG

Beruflich schien Bernhard Hieronimus definitiv einigen Ehrgeiz besessen zu haben. Jedenfalls meldete er sich am 28. Februar 1921 bei der Meisterprüfungskommission der Handwerkskammer Wiesbaden für die Zulassung zur Meisterprüfung im Schuhmacher-Handwerk an. Daraufhin erhielt er vom Vorsitzenden der Meisterprüfungskommission am 23. März 1921 die Aufforderung, bis zum 5. April 1921 sein Meisterstück anzufertigen und dieses am 8. April 1921 in den Räumlichkeiten der Handwerkskammer, in der Nicolasstraße 41, der heutigen Bahnhofstraße, zu präsentieren und begutachten zu lassen. Welche Art Meisterstück Bernhard Hieronimus vorlegen sollte, blieb nicht etwa ihm überlassen, sondern wurde ihm von der Meisterkommission en detail vorgeschrieben. Anzufertigen hatte er unter anderem handgenähte Herrenschuhe, Leisten und Schnittmuster. „Die Anfertigung," so ließ ihn die Prüfungskommission wissen, „hat in der Werkstätte [...] des Prüflings am [...] 5. April 1921. unter Kontrolle eines dortigen [also am Ort ansässigen] Meisters [...]" zu erfolgen. Bei dem mit der „Kontrolle" der Arbeit von Bernhard Hieronimus beauftragten lokalen Meister handelte es sich um den Sonnenberger Schuhmachermeister Peter Reinemer.[39] Der gebürtige Erbenheimer Reinemer hatte seine Werkstatt in dem heute nicht mehr existierenden Haus Schlagstraße 11 in Sonnenberg[40],

---

[37] Adressbuch Wiesbaden 1914 und 1918.
[38] Danksagung Bernhard Hieronimus Zibell vom 4. Oktober 1928, o.O.
[39] Meisterprüfung. Benachrichtigung von dem Prüfungstermine vom 23. März 1921. Der verwitwete Schuhmachermeister Peter Reinemer, geboren um 1866 in Erbenheim, starb am 4. März 1923 im Alter von 57 Jahren in seiner Wohnung in der Schlagstraße 11; vgl. Sterberegister Sonnenberg 1923.
[40] Adressbuch Wiesbaden 1921.

das damals nicht sehr weit von Bernhard Hieronimus' Arbeitsstätte entfernt lag. Die Männer kannten sich. Ob sie sich sympathisch waren oder gar befreundet, ist nicht bekannt.

Am 7. April 1921 bescheinigte Reinemer dem Kollegen Zibell, dass er die von der Prüfungskommission vorgeschriebenen Aufgaben unter seiner Aufsicht ordnungsgemäß ausgeführt habe.[41] Bernhard Hieronimus' Meisterbrief ist nicht überliefert, da er aber fortan als Schuhmachermeister firmierte, hat er die 60 Mark[42] teure Prüfung am 8. April 1921 ganz offensichtlich bestanden.

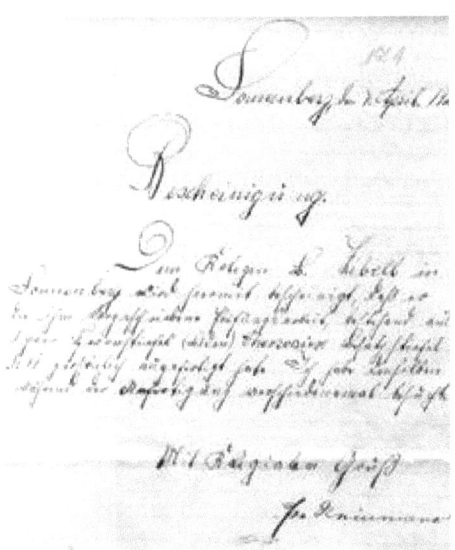

---

[41] Bescheinigung Peter Reinemer vom 7. April 1921.
[42] Laut Liste der Deutschen Bundesbank „Kaufkraftäquivalente historischer Beträge in Deutschen Währungen" [14.07.2020]: 1 Mark (1921) = 0,4 € (2019). 60 Mark (1921) = 24 € (2019). Zum Vergleich: 1 kg Brot = 0,80 Mark (12/1919), 2,37 M (12/1920), 3,90 M (12/1921), 163,12 M (12/1922). Quelle: 30 Stunden Deutschland. Stuttgart 2008, S. 34. 2016 kostete 1 kg Brot 2,43 €; hierzu: https://de.statista.com/statistik/daten/studie/425381/umfrage/brotpreis-in-deutschland/ [14.07.2020].

Fünf Jahre später, im Jahr 1926, verzog die Familie Zibell von der Rambacher Straße 3 in das im Laufe des Jahres 1925 neu errichtete Haus in der Mühlwiesenstraße 2, in dem sich fortan auch seine Schuhmacherwerkstatt befand. Das Gebäude war mit Hilfe des „Gemeinnützigen Bauvereins e.V. Sonnenberg" gebaut worden, der im Übrigen auch für die Verlosung der Bauplätze an die künftigen Besitzer verantwortlich zeichnete.[43] Nach der Zuteilung der Grundstücke erfolgte die Errichtung der Häuser in einer Mischung aus Eigen- und Gemeinschaftsleistung. Dass niemand zu viel oder zu wenig einbrachte, sowohl in Bezug auf den finanziellen als auch den handwerklichen Einsatz, dafür sorgten die Verantwortlichen des „Bauvereins", die über die erbrachten Leistungen akribisch Buch führten.[44]

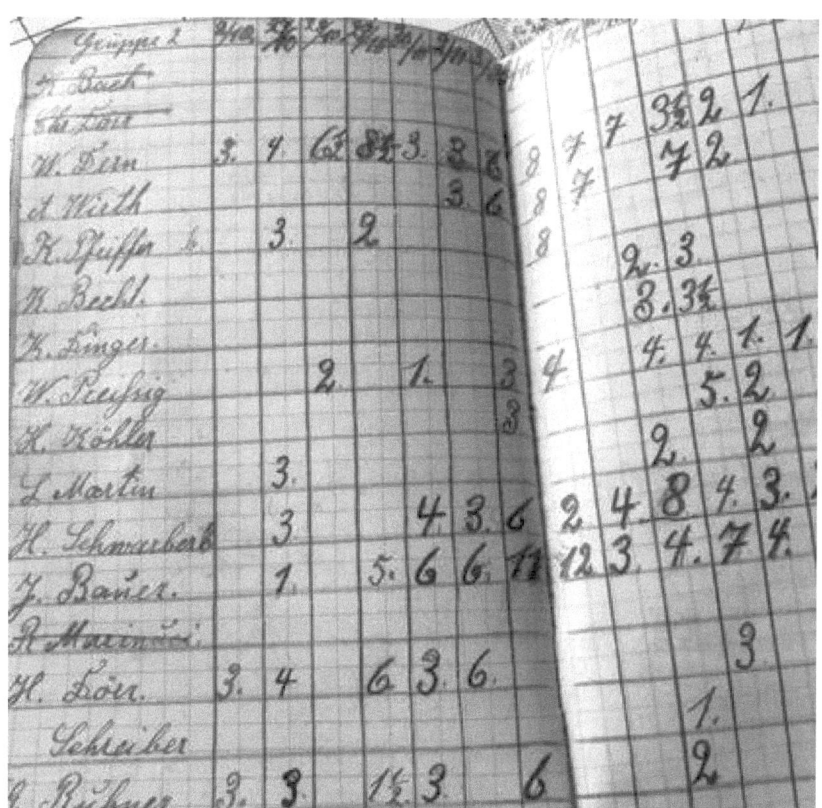

Die Mühlwiesenstraße, damals ein nicht asphaltierter Weg, stellte die Verlängerung der Mühlgasse, heute Mühlbergstraße, dar. Im Adressbuch der Stadt Wiesbaden für 1926/27 fand die Mühlwiesenstraße erstmals Erwähnung. Damals hatten die dort errichteten Häuser offiziell

---

[43] Schreiben des Ortsgerichts Sonnenberg vom 15. Oktober 1925 an den Ofensetzer Karl Seelgen; in: Privatarchiv Dörr.

[44] Schreiben des „Gemeinnützigen Bauvereins e.V. Sonnenberg vom 24. August 1929 an den Ofensetzer Karl Seelgen; in Privatarchiv Dörr. Einen weiteren Hinweis auf das akribische Vorgehen des „Bauvereins" verdanke ich Herrn Rolf Preißig.

anscheinend noch keine Hausnummern. Zu den ersten Häusern, die errichtet und um 1925/26 bezogen werden konnten, gehörten die Hausnummern 28 bis 32. Das Haus mit der Nummer 28 gehörte dem Eisenbahn-Bediensteten Ernst Scheib. Das benachbarte Gebäude, Mühlwiesenstraße 30, bezog der Kreiswegewärter Philipp Braun, der allerdings nicht der Besitzer der Immobilie war. Das Haus gehörte vielmehr dem Postschaffner Karl Braun, der seine Wohnung etwa ein Jahr später in die Mühlwiesenstraße 30 verlegte. Das Haus Nummer 32 bewohnte der Buchdrucker Karl Kießling, der auch zugleich Eigentümer des Gebäudes war.[45]

Im Laufe des folgenden Jahrs nahm die Anzahl der fertiggestellten Häuser in der Mühlwiesenstraße erkennbar zu. Von nun an, also ab etwa 1927, waren die Gebäude auch im Adressverzeichnis offiziell mit Hausnummern versehen. Neu bezogen werden konnten die Häuser 22 bis 24. Im Bereich der einstelligen Hausnummern gab es damals lediglich das Haus mit der Nummer 2.[46] Erst um 1927/28 waren – außer den Häusern 12 und 14 – alle Gebäude in der Mühlwiesenstraße fertiggestellt und bewohnt. Allerdings handelte es sich überwiegend um Mieter, die dort ansässig waren. Unter den insgesamt 19 Familien oder Einzelpersonen, die als Anwohner der Mühlwiese im Wiesbadener Adressbuch des Jahres 1928 aufgeführt wurden, waren nur sechs zugleich Hausbesitzer. Zu ihnen gehörten der Postschaffner Braun aus der Nummer 30, der Obermaschinensetzer Karl Kießling aus der Nummer 32, der Eisenbahn-Bedienstete Ernst Scheib aus der Nummer 28, der Schlosser Georg Schmidt aus der Nummer 26, der Ofensetzer Karl Seelgen aus der Nummer 22 und Bernhard Hieronimus Zibell aus der Nummer 2. Bei dem unmittelbaren Nachbarn der Familie Zibell, also den Bewohnern des Hauses Mühlwiesenstraße 4, handelte es sich um den Postschaffner Wilhelm Wirth.[47]

Wirth, der das Haus spätestens um 1928 erwarb[48], sollte über viele Jahre hinweg der Nachbar der Familie Zibell bleiben. Wilhelm Christian Moritz Wirth war am 27. September 1883 in Sonnenberg als Sohn des Schreiners Georg Philipp Wirth und seiner Ehefrau Christiane Becker zur Welt gekommen.[49] Anders als Bernhard Hieronimus war er also in Sonnenberg groß geworden. Ehe der Postbote, später Postschaffner und schließlich Oberpostschaffner in das Haus Mühlwiesenstraße 4 einzog, lebte er viele Jahre in der Wiesbadener Straße 29, heute Danziger Straße.[50] Ob sich Bernhard Hieronimus, Maria und später Bernhard Josef und Klara sowie Erna

---

[45] Adressbuch Stadt Wiesbaden 1926/27 und 1927.
[46] Adressbuch Stadt Wiesbaden 1927.
[47] Adressbuch Stadt Wiesbaden 1928.
[48] Adressbuch Stadt Wiesbaden 1929.
[49] Geburtsurkunde Wilhelm Wirth, Geburtsregister Sonnenberg 1883.
[50] Adressbuch Stadt Wiesbaden 1918 bis 1926/27.

und Hans mit dem Ehepaar Wirth gut verstanden oder nicht, ist nicht bekannt. Der mit Alma Klara Wank verheiratete Wilhelm Wirth erlag am 5. Mai 1944 in seinem Haus einem Magenkrebsleiden.[51] Seine Ehefrau blieb in den folgenden Jahren in der Mühlwiesenstraße 4 wohnen.[52] Ab dem Adressbuch des Jahres 1950 ist sie nicht mehr in der Mühlwiese nachweisbar. Zum damaligen Zeitpunkt lebten im Haus Nummer 4 anstelle der Witwe Wirth der Koch Max Rothe, der Polizeibeamte Karl Rasche sowie der Versicherungsangestellte Wilhelm Schmidt[53], der später das Haus übernehmen und es bis zu seinem Tod mit seiner Ehefrau bewohnen sollte.

Für Bernhard Hieronimus, der bis zum Einzug in das Haus Mühlwiesenstraße 2 stets zur Miete gewohnt hatte, stellte der Erwerb von Haus und Grund in dem Neubaugebiet einen erheblichen Fortschritt dar. Jetzt war er nicht nur Haus-, sondern zugleich Besitzer eines Stückchen Gartenlands, das die Familie bearbeiten konnte. Mit 72 Quadratmetern umbauten Raums war das Haus zwar nicht riesig, doch zweifellos wesentlich größer als die bislang genutzten Wohnungen, und der Garten bot eine Gelegenheit zum Obst- und Gemüseanbau. Die Selbstversorgung mit Früchten und Gemüsen war nicht nur gesund und sparte Geld, sondern sorgte dafür, dass die Familie auch außerhalb der Saison auf das entsprechend konservierte – in der Regel eingekochte – Obst und Gemüse zurückgreifen konnte.[54]

Es ist allerdings nicht auszuschließen, dass Bernhard Hieronimus nicht erst nach seinem Umzug in die Mühlwiesenstraße zum Gartenbesitzer avancierte. Womöglich hatte er bereits in der Vergangenheit Gartenland gepachtet oder gekauft gehabt, um die Familie mit Obst und Gemüse versorgen zu können, was vor allem in den Jahren der Hyperinflation, also zwischen Mitte 1922

---

[51] Sterbeurkunde Wilhelm Wirth, Sterberegister Wiesbaden Bd. 3/1944 Nr. 1195.
[52] Adressbuch Stadt Wiesbaden 1948.
[53] Adressbuch Stadt Wiesbaden 1948 und 1940.
[54] Angaben über Grund und Boden (um 1961).

und 1923, sehr wichtig gewesen sein dürfte. Den Höhepunkt erreichte die Inflation im Jahr 1923 infolge des Ausbruchs des „Ruhrkampfs" nach dem Einmarsch französischer und belgischer Truppen in das Ruhrgebiet, dem Deutschland mit passivem Widerstand und Streiks entgegenzutreten versuchte. Um die Maßnahmen finanzieren zu können, brachte die Reichsregierung enorme Geldmengen in Umlauf, die nicht durch entsprechende Gegenwerte abgesichert waren. Das führte zu einer massiven Geldentwertung. Kostete ein Kilogramm Roggenbrot Ende 1922 „noch" 163 Mark, so waren es Ende 1923 233 Milliarden Mark. Die galoppierende Inflation konnte erst durch die Emission der „Rentenmark" im November 1923 gestoppt werden. Die neue Währung „Rentenmark" wurde im August 1924 durch die „Reichsmark" abgelöst.[55] Wie die vierköpfige Familie Zibell diese Krisenzeiten erlebt und durchlebt hat, ist nicht bekannt. Einfach wird es für die Vier sicherlich nicht gewesen sein.

XI. BERNHARD HIERONIMUS STIRBT

Bernhard Hieronimus hat die Vorteile, die das neue Haus in der Mühlwiesenstraße der Familie brachte, nicht lange genießen können. Nur etwa zwei Jahre nach dem Umzug verstarb er am 29. September 1928 im Alter von gerade einmal 41 Jahren in seiner Wohnung in der Mühlwiesenstraße 2.[56] Seinem Ableben vorausgegangen war wohl eine Krankheit, die die Familie zwang, die Hilfe einer Gemeindeschwester bei der Pflege des Erkrankten in Anspruch zu nehmen. Um welche Erkrankung es sich dabei gehandelt hat, ist nicht bekannt. In der in einer nicht genannten Zeitung erschienenen Danksagung nach der Beisetzung von Bernhard Hieronimus hieß es lediglich: „[…] besonderen Dank der Schwester Elvira für die aufopfernde Pflege […]."[57] Bernhard Josef, Bernhard Hieronimus' Sohn, erklärte später – im Zuge seiner Musterung durch das Wehrbereichskommando Wiesbaden –, dass der Vater an einer Lungenentzündung verstorben sei.[58]

Der Verstorbene hinterließ seine weitgehend mittellose Ehefrau Maria sowie die beiden minderjährigen Kinder Bernhard Josef und Erna. Im Gegensatz zu Erna, die zum Zeitpunkt des Todes ihres Vaters nicht einmal vierzehn Jahre alt war und die Schule sicherlich noch nicht beendet hatte, war Bernhard Josef bereits seit Frühjahr 1927 als Schuhmacherlehrling im

---

[55] Zur Hyperinflation vgl. https://www.historisches-lexikon-bayerns.de/Lexikon/Inflation,_1914-1923#Der_Weg_in_die_Hyperinflation [15.07.2020].
[56] Sterbeurkunde Bernhard Hieronimus Zibell, Sterberegister Sonnenberg 29/1928.
[57] Danksagung Bernhard Hieronimus Zibell vom 4. Oktober 1928, o.O.
[58] BA Berlin: Gesundheitsbuch (G-Buch) Zibell, Bernhard Josef.

Betrieb seines Vaters tätig, dessen Werkstatt sich in einem Anbau am Haus Mühlwiesenstraße 2 befand.

XII. BERNHARD JOSEF – DER SOHN

Anders als seine Eltern, die sich nach ihrem Zuzug nach Sonnenberg sukzessive in die (Bürger-)Gemeinde hatten einfinden müssen, war Bernhard Josef in Sonnenberg geboren und – von der vermuteten Unterbrechung während des 1. Weltkriegs abgesehen – dort aufgewachsen. Er dürfte demnach viele Sonnenberger von Kindesbeinen an gekannt haben. Ab dem 1. April 1919 besuchte der damals Sechsjährige die im April 1904 eingeweihte Sonnenberger Volksschule auf dem „Spitzkippel".[59] Bis zum 31. März 1925, also vom ersten bis zum sechsten Schuljahr, war Heinrich Bendel, wohnhaft in der Adolfstraße 9 in Sonnenberg, sein Klassenlehrer.[60] Als der Konrektor der Sonnenberger Volksschule in jenem Jahr wahrscheinlich altersbedingt – mit 63 Jahren – in den Ruhestand trat, übernahm Rektor Nikolaus Prediger Bernhard Josefs Klasse.[61]

Bernhard Josef war kein besonders guter, dafür aber ein recht braver und leidlich fleißiger Schüler. In Betragen bekam er zumeist eine Zwei, in Fleiß durchwegs eine Zwei oder Drei. Außerdem war der eher kleine und schmächtige Knabe ein guter Turner, aber ein schlechter Rechner. Meistens wurde ihm ein „kaum genügend" oder ein „noch genügend" bescheinigt.[62] Klassenlehrer Prediger stellte im ersten Halbjahr nach der Übernahme der Klasse fest: „B. muß sich im Unterricht mehr beteilen (sic). Ihm mangelt es an Selbstgefühl; er ist zu ängstlich."[63] Zu Ostern 1927 wurde Bernhard Josef mit Beendigung des 8. Schuljahrs aus der Volksschule entlassen. Da sein sonst vollständiges Zeugnisheft mit dem 1. Halbjahr des 8. Schuljahrs endet, ist davon auszugehen, dass ihm Ostern 1927 ein gesondertes Abschlusszeugnis überreicht worden war, das aber nicht überliefert ist.

---

[59] Zeugnisheft Bernhard Josef Zibell für die Jahre 1919 bis 1927. Zur Einweihung der neuen Volksschule vgl. Sonnenberger Fibel. Konrad-Duden-Schule. Wiesbaden-Sonnenberg ca. 1984, Beitrag „Aus der Geschichte der Burgschule", ohne Seitenzahl.

[60] Zeugnisheft Bernhard Josef Zibell (1919-1925). Adressbuch Wiesbaden 1920 bis 1926/27.

[61] Heinrich Bendel starb am 9. November 1935 im Alter von 73 Jahren in den Städtischen Kliniken in Wiesbaden. Zuletzt hatte er mit seiner Ehefrau in Sonnenberg, Wiesbadener Straße (heute Danziger Straße) 17 gelebt. Vgl. Sterbeurkunde Heinrich Bendel, Sterberegister Wiesbaden Bd. 4/1935. Zur Übernahme der Klasse durch Lehrer Prediger vgl. Zeugnisheft Bernhard Josef Zibell (1925-1927). Zu Nikolaus Prediger vgl. Hessisches Hauptstaatsarchiv Wiesbaden (HHStAWi), Abt. 504 (hessisches Kultusministerium) Nr. 5041. Prediger, geboren am 19. November 1886 in Kirchhain, war seit 1922 Lehrer, später Regierungs- und (Ober-)Schulrat. Er starb am 6. Mai 1957.

[62] Zeugnisheft Bernhard Josef Zibell (1919-1927).

[63] Zeugnisheft Bernhard Josef Zibell, Zeugnis vom 26. September 1925.

Daraufhin begann Bernhard Josef eine Schuhmacherlehre. Für die praktische Ausbildung zeichnete sein Vater verantwortlich, die theoretische wurde ihm zwischen dem 1. April 1927 und dem 31. März 1930 in der „Gewerblichen Berufsschule Wiesbaden, Knaben-Abteilung" vermittelt, die sich damals in der Wellritzstraße 38 in Wiesbaden befand.[64]

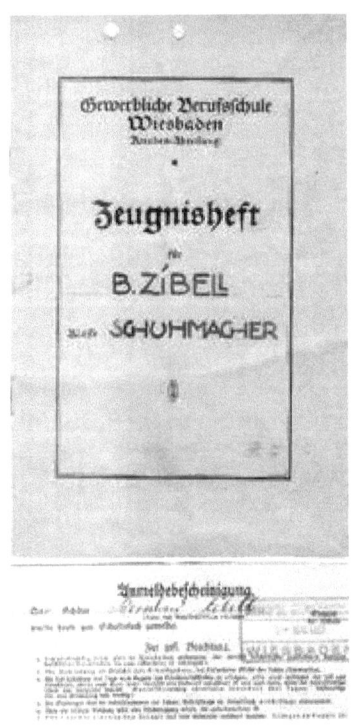

Unterwiesen wurden die jungen Männer in den Fächern „Berufs- und Bürgerkunde", „Fachkunde", „Rechnen und angewandte Geometrie", „Hauswirtschaftliche Buchführung", „Vorbereitendes Zeichnen", „Rechnen und Kostenberechnen" sowie „Gewerbliche Buchführung". Wie schon in der Volksschule lag Bernhard Josef auch in der Berufsschule leistungsmäßig im Mittelfeld. Sein vom 31. März 1930 stammendes Entlassungszeugnis stufte ihn in nahezu allen Fächern zwischen „gut bis genügend" ein. Er galt als fleißig und aufmerksam und legte ein sehr gutes Betragen an den Tag. Krank war er nie, und ungerechtfertigtes Fehlen wurde ihm ebenfalls nicht angelastet. Wenn er tatsächlich einmal nicht anwesend war, dann entschuldigt, offiziell als „beurlaubt" bezeichnet. Im ersten Schuljahr, „Fachklasse Schuhmacher Unterstufe", das sich vom 1. April 1927 bis 31. März 1928 erstreckte, wurde das Schulzeugnis des minderjährigen Bernhard Josef von seinem Vater als gesetzlichem Vormund und Vertreter unterzeichnet, der zugleich als Lehrmeister und Arbeitgeber firmierte. Im darauffolgenden Schuljahr, das

[64] Zeugnisheft der Gewerblichen Berufsschule Wiesbaden, Knaben-Abteilung, B. Zibell, Klasse Schuhmacher (1927-1930). Adressbuch Wiesbaden 1926/27.

am 27. März 1929 endete, unterschrieb anstelle des verstorbenen Bernhard Hieronimus die Mutter als gesetzliche Vertreterin. Die Unterschrift des Lehrmeisters oder Arbeitgebers fehlt.[65]

Wo aber hatte Bernhard Josef, nach dem Ende September 1928 erfolgten Ableben seines Lehrmeisters, den praktischen Teil seiner Ausbildung absolviert? In dieser – nicht nur für den Lehrling Bernhard Josef, sondern für die gesamte Familie – prekären Situation sprang ein Verwandter Marias ein, der Schuhmacher Philipp Driesang. Nach dem Tod Bernhard Hieronimus' übernahm er dessen Werkstatt und wahrscheinlich auch die weitere Ausbildung Bernhard Josefs. Wo sich Philipp Driesang bis dahin aufgehalten hatte, ist nicht bekannt, ebenso wenig, ob er Familie hatte oder nicht. Es ist jedoch anzunehmen, dass er bis zu seinem vorübergehenden Umzug nach Wiesbaden in Norheim gelebt hat, denn dort besaß er – zumindest gilt das für die 1950er oder 1960er Jahre – im alten Ortskern ein kleines Haus.[66] Bis mindestens 1930 lebte er dann in der Mühlwiesenstraße 2 in Wiesbaden-Sonnenberg, wie der Ort nach seiner 1926 erfolgten Eingemeindung nach Wiesbaden offiziell hieß. Nach verliert sich Philipp Driesangs Spur. Wahrscheinlich kehrte er nach Norheim zurück.[67]

XIII. BERNHARD JOSEF ZIBELL – SCHUHMACHER IN SONNENBERG IN 2. GENERATION: ZWISCHEN REICHSARBEITSDIENST UND WEHRPFLICHT

Den Schuhmacherbetrieb führte Bernhard Josef nach der Aushändigung seines Gesellenbriefs am 31. März 1930 bis wenige Jahre vor seinem am 21. April 2001 eingetretenen Tod in der Mühlwiesenstraße 2 fort. Eine Ausbildung zum Schuhmachermeister hat er nie absolviert, was ihm – Jahrzehnte später – einigen Ärger mit der Handwerkskammer einbringen sollte. Am Ende durfte er sein Geschäft dann aber auch ohne Meisterbrief weiterführen.

Unklar ist, ob der Betrieb während der Zeit des „Dritten Reiches" zeitweise geschlossen oder von einem Vertreter weitergeführt werden musste. Grund für diese Frage ist zum einen der Erlass des „Reichsarbeitsdienstgesetzes" vom 26. Juni 1935 und zum anderen das auf den Erlass des „Gesetzes über den Aufbau der Wehrmacht" vom 16. März 1935 ergangene „Wehrgesetz" vom 21. Mai 1935.

---

[65] Zeugnisheft der Gewerblichen Berufsschule Wiesbaden, Knaben-Abteilung, B. Zibell, Klasse Schuhmacher (1927-1930).
[66] Auskunft Gerhard Zibell.
[67] Adressbuch Stadt Wiesbaden 1930.

Gemäß dem Gesetz über den Reichsarbeitsdienst (RAD) waren de jure Männer und Frauen, de facto bis September 1939 aber nur Männer, zwischen dem vollendeten 18. und dem vollendeten 25. Lebensjahr dienstpflichtig. Der Dienst dauerte sechs Monate. Die Unterbringung der Dienstpflichtigen erfolgte in einem Lager. Gemäß Paragraph 8 des Gesetzes konnten „Arbeitsdienstpflichtige [...] von der Berufung zum Reichsarbeitsdienst bis zu zwei Jahren, bei Vorliegen zwingender beruflicher Gründe bis zu fünf Jahren zurückgestellt werden".[68] Zum Zeitpunkt der Einführung der RAD-Dienstpflicht war Bernhard Josef 22 Jahre alt. Als Ernährer der Familie und alleiniger Betreiber der Schuhmacherwerkstatt in der Mühlwiesenstraße wäre es möglich, dass er – auf der Basis des Paragraphen 8 des „Reichsarbeitsdienstgesetzes" – aus wichtigen beruflichen Gründen von der Dienstpflicht für die nächsten fünf Jahre zurückgestellt worden war. Fünf Jahre später wäre Bernhard Josef 27 Jahre alt und damit nicht mehr dienstpflichtig gewesen. Es steht zu vermuten, dass Bernhard Josef aus wichtigen beruflichen Gründen nicht zum RAD musste, einen Beleg hierfür gibt es jedoch nicht.

Im selben Jahr wie das „Reichsarbeitsdienstgesetz" erging das „Gesetz über den Aufbau der Wehrmacht" und darauf basierend das „Wehrgesetz". In Letzterem hieß es in Paragraph 8, der die „aktive Dienstpflicht" regelte, in Satz 2: „Die Wehrpflichtigen werden in der Regel in dem Kalenderjahr, in dem sie das 20. Lebensjahr vollenden, zur Erfüllung der aktiven Dienstpflicht einberufen." In den Paragraphen 14 und 16 fanden sich die Ausnahmeregelungen. Demzufolge waren katholische Priester oder vom Arzt für untauglich befundene Männer vom Wehrdienst befreit, oder Personen, die in Friedenszeiten aus verschiedenen Gründen für eine „begrenzte Zeit" zurückgestellt werden mussten.[69]

Bernhard Josef war zum Zeitpunkt des Erlasses des Wehrgesetzes im Jahr 1935 – wie bereits erwähnt – 22 Jahre alt und damit gemäß Paragraph 8, Satz 2 wehrpflichtig. Tatsächlich einberufen wurde 1935 jedoch lediglich der Jahrgang 1914. Insofern dürfte Bernhard Josef gehofft haben, dass ihn die Wehrpflicht nicht mehr betreffen würde, da er Jahrgang 1913 war, und er nicht davon ausgehen musste, dass die Wehrpflicht auch auf die Jahrgänge vor 1914 ausgedehnt wurde. Doch bereits im folgenden Jahr stellte sich heraus, dass diese Annahme ein Irrtum war. Am 24. August 1936 wurde die Zeitdauer der Wehrpflicht zum einen – auch rückwirkend für die bereits Dienenden – von einem auf zwei Jahre verlängert, und zum anderen auf die Jahrgänge vor 1914 erweitert. Mithin gehörte nun auch Bernhard Josef zu jenen, die wehrpflichtig

---

[68] „Reichsarbeitsdienstgesetz" vom 26. Juni 1935; abrufbar unter: www.documentarchiv.de [07.12.2020].
[69] „Wehrgesetz" vom 21. Mai 1935; abrufbar unter: www.documentarchiv.de [07.12.2020].

waren.[70] Da gemäß Satz 3 des Paragraphen 8 des „Wehrgesetzes" vor dem Antritt des Wehrdienstes der Reichsarbeitsdienst abzuleisten war[71], hätte Bernhard Josef seine Schuhmacherwerkstatt für 2 ½ Jahre schließen müssen. Für ihn, seine Mutter und sein Geschäft wäre das zweifellos eine – mindestens wirtschaftliche – Katastrophe gewesen. Da hiervon aber später innerhalb der Familie nie die Rede gewesen ist, kann es sein, dass Bernhard Josef tatsächlich, wie vermutet, vom RAD „zurückgestellt" wurde und darüber hinaus auch keinen zwei Jahre andauernden Wehrdienst abzuleisten hatte.[72]

Davon darf deshalb ausgegangen werden, weil er bei der am 25. Mai 1936 von einem Truppenarzt im Auftrag des Wehrbereichskommandos (WBK) Wiesbaden durchgeführten Musterungsuntersuchung als „Z 1" eingestuft worden war. Das bedeutete „zeitlich untauglich".[73] Man ging allerdings seitens der Wehrmacht davon aus, dass eine Person mit den „Krankheiten und Fehler[n], die den Untersuchten zeitlich untauglich mach[t]en, [...] beseitigt oder doch so

---

[70] Stegemann, Wolf: Die Wehrpflicht: Für die geheime Mobilmachungsvorbereitung wurden 1937 in Rothenburg 44 Beamte und Angestellte der Stadt im Kriegsfall für „unabkömmlich" gestellt; abrufbar unter: www.rothenburg-unterm-hakenkreuz.de [07.12.2020].

[71] „Wehrgesetz" vom 21. Mai 1935; abrufbar unter: www.documentarchiv.de [07.12.2020].

[72] Stegemann, Wolf: Die Wehrpflicht: Für die geheime Mobilmachungsvorbereitung wurden 1937 in Rothenburg 44 Beamte und Angestellte der Stadt im Kriegsfall für „unabkömmlich" gestellt; abrufbar unter: www.rothenburg-unterm-hakenkreuz.de [07.12.2020].

[73] Vgl. BA Berlin: Gesundheitsbuch (G-Buch) Zibell, Bernhard Josef.

vermindert werden könn[t]en, dass Tauglichkeit eintritt".[74] Welcher „Fehler" oder welche „Krankheit" konkret dafür gesorgt hatte, das der 153 Zentimeter „große" und 48 Kilogramm „schwere" Bernhard Josef für den Dienst in der Wehrmacht als nicht tauglich befunden worden war, ist diesem Untersuchungsbericht nicht zu entnehmen.[75]

Zwei Jahre später, am 13. August 1938, musste sich Bernhard Josef erneut einer „Annahmeuntersuchung" beim WKB unterziehen. Anders als bei der ersten Untersuchung stellte der Truppenarzt fest, dass der Proband, der immer noch 48 Kilogramm wog, relativ schlechte Zähne hatte. Darüber hinaus wurde seine geringe Körpergröße und sein ebenfalls eher geringes Gewicht bemängelt sowie eine Verletzung an der linken Hand. Die Handverletzung wurde nicht als Fehler, der die Tauglichkeit beeinträchtigte, angesehen, seine Körpergröße und sein Gewicht hingegen galten als Fehler, der nur eine bedingte Tauglichkeit zuließ. Alles in allem wurde er an jenem Augusttag als „bed. tgl.", also bedingt tauglich, gemustert.[76]

Ob Bernhard Josef sodann seinen Wehrdienst antreten musste, ist nicht bekannt. Es steht jedoch zu vermuten, dass er, als Teil der „weißen Jahrgänge", also jener Männer, die nach 1900 geboren worden waren und daher nicht mehr am 1. Weltkrieg teilgenommen und somit keine militärische Ausbildung erhalten hatten, einer sogenannten „Ergänzungseinheit" zugewiesen worden war. Die den „E-Einheiten" zugeteilten Männer erhielten eine zwei oder drei Monate andauernde Kurzausbildung.[77] Ob das bei Bernhard Josef der Fall war oder nicht, wird vermutlich nicht mehr geklärt werden können.

XIV. BERNHARD JOSEF UND DIE FAMILIE ZIBELL IN DER MÜHLWIESENSTRAßE 2

Trotz seiner von der Wehrmacht bemängelten geringen Körpergröße und seines „Leichtgewichts" trieb Bernhard Josef in seiner Freizeit gerne Sport. Seit dem 1. Januar 1927 war er Mitglied der „Turn- und Sportgemeinde 1861 e.V. Wiesbaden-Sonnenberg". Der Vereinsvorsitzende Etz überreichte dem knapp vierzehn Jahre alten Neumitglied damals die Mitgliedskarte mit der Nummer 25.[78] Fünf Jahre später, 1932, trat er der „Spielvereinigung Wiesbaden-

---

[74] Fehlertabelle für die Deutsche Wehrmacht; abrufbar unter: www.anhaltspunkte.de [07.12.2020].
[75] Vgl. BA Berlin: Gesundheitsbuch (G-Buch) Zibell, Bernhard Josef.
[76] Vgl. BA Berlin: Gesundheitsbuch (G-Buch) Zibell, Bernhard Josef und Fehlertabelle für die Deutsche Wehrmacht; abrufbar unter: www.anhaltspunkte.de [07.12.2020].
[77] Stegemann, Wolf: Die Wehrpflicht: Für die geheime Mobilmachungsvorbereitung wurden 1937 in Rothenburg 44 Beamte und Angestellte der Stadt im Kriegsfall für „unabkömmlich" gestellt; abrufbar unter: www.rothenburg-unterm-hakenkreuz.de [07.12.2020].
[78] Mitgliedskarte Turn- und Sportgemeinde 1861 e.V. Wiesbaden-Sonnenberg vom 1. Januar 1927.

Sonnenberg 1919" bei.[79] Fußball war und blieb seine Leidenschaft. Des Weiteren fuhr er gerne Motorrad, besaß sogar eine Maschine, mit der er, eigenem Bekunden zufolge, auch einmal eine Freundin durch Sonnenberg kutschiert hatte. Leider gab er an einer Stelle – ob nun absichtlich oder unabsichtlich – zu viel Gas, was dazu führte, dass sich die Maschine aufbäumte, und die Mitfahrerin abstürzte. Unglücklicherweise übersah Bernhard Josef im Eifer des Gefechts das Geschehen. Es heißt, dass die junge Dame dem Schuhmacher daraufhin die Freundschaft auf immer und ewig gekündigt habe. Es ist nicht anzunehmen, dass sich Bernhard Josef davon die Laune verderben ließ. Er war ein fröhlicher und durchaus geselliger Mensch und einem guten Schoppen, einem Gläschen Bier und einem Schnaps – oder auch zweien – keineswegs abgeneigt.

Einige Zeit nach dem Tod von Bernhard Hieronimus entschied sich Maria, ein oder mehrere Zimmer im Haus Mühlwiesenstraße 2 zu vermieten. Zwischen 1930/31 und mindestens 1938 – das nächste Adressbuch erschien erst wieder 1948 – gehörte der Monteur Theodor Schmidt zu den Hausbewohnern.[80] Möglicherweise wurde Schmidt im Jahr 1939 zum Kriegsdienst einberufen, weshalb er seinen Wohnsitz in der Mühlwiesenstraße aufgeben musste. Ganz offensichtlich hat er den Krieg aber überlebt, denn nach 1945 war er wieder in Sonnenberg ansässig, allerdings nicht mehr in der Mühlwiesenstraße 2, sondern in der Straße Am Heienberg 2.[81]

Im Haus Mühlwiesenstraße 2 lebten inzwischen – neben Maria Zibell – auch noch ihre nunmehr verheirateten Kinder, Bernhard Josef und Klara Zibell sowie Erna und Hans Reinhardt, so dass

---

[79] Verleihung der Vereinsehrennadel in Silber der Spielvereinigung Wiesbaden-Sonnenberg 1919 vom 20. Mai 1950.
[80] Adressbuch Wiesbaden 1931 bis 1938.
[81] Adressbuch Wiesbaden 1948 und 1950.

an eine weitere Vermietung nicht zu denken war. Es genügte schon, dass zusätzlich noch eine Flüchtlingsfamilie aufgenommen werden musste. Damit waren die räumlichen Kapazitäten der Mühlwiesenstraße 2 mehr als ausgelastet. Hinzu kam, dass es in dem Haus nur eine Toilette gab. Die befand sich im Erdgeschoss und war mit einer Sickergrube verbunden, die regelmäßig geleert werden musste. Darüber hinaus gab es auch kein Badezimmer. Gebadet wurde einmal pro Woche in einer Zinkbadewanne, die im Keller stand, und mit heißem Wasser, das Eimer für Eimer herbeigeschleppt werden musste, aufgefüllt wurde. Erst um 1966 änderte sich die sanitäre Lage in der Mühlwiesenstraße. In jenem Jahr erfolgte der Anschluss der Straße an die städtische Kanalisation.

Erna Zibell, eine gelernte Schneiderin, war seit dem 19. Dezember 1942 mit dem Maschinenzeichner und später hauptberuflichen Chordirektor Johann „Hans" Josef Reinhardt verheiratet. Erna und Hans lebten im Erdgeschoss des Hauses Mühlwiesenstraße 2. Erna starb am 2. April 1971 in den Städtischen Kliniken der Landeshauptstadt Wiesbaden, die sich damals noch in der Schwalbacher Straße 62 befanden.[82] Hans Reinhardt, geboren am 15. August 1911, lebte bis zu seinem Tod am 7. Oktober 1998 in seiner Erdgeschoss-Wohnung in der Mühlwiesenstraße 2.[83]

Maria Zibell (1950)

Fünf Jahre vor Erna, am Morgen des 20. Februar 1957, starb Maria Zibell, „wohlversehen mit den hl. Sterbesakramenten", wie es in ihrer Todesanzeige hieß, „nach kurzem, schwerem Leiden" im „Heilig Geist Hospital" in der Friedrichstraße 24, dem heutigen „Roncalli-Haus". Drei Tage später wurde sie auf dem Sonnenberger Friedhof beigesetzt.[84] Kurz vor ihrem Tod soll sie gegenüber ihrer zu diesem Zeitpunkt mit dem zweiten Kind schwangeren Schwiegertochter Klara geäußert haben, dass sie nun Platz für einen neuen Bewohner mache.

---

[82] Adressbuch Wiesbaden 1948. Sterbeurkunde Erna Reinhardt vom 5. April 1971 Nr. 733/1971.
[83] Gedruckte Todesanzeige für Hans Reinhardt von Apollonia Reinhardt 1998.
[84] Todesanzeige Maria Zibell, o.O., o.D.

XV. BERNHARD JOSEF HEIRATET:

KLARA „CLÄRE" ZIBELL, GEBORENE SCHWARZ, UND IHRE FAMILIE

Klara gehörte seit dem 5. Juni 1946 offiziell zur Familie Zibell. An jenem Mittwoch hatten sie und Bernhard Josef in Klaras Heimat- und Geburtsort Kempten/Allgäu geheiratet.[85] Klara war dort am 4. Januar 1925 als Tochter des Zimmermanns Karl Schwarz und der ledigen Arbeiterin Klara Gasser zur Welt gekommen. Das Mädchen war das erste von insgesamt vier Kindern des damals unverheirateten Paares. Klara Gasser, wie das Kind bis zur Eheschließung der Eltern hieß, die am 31. Mai 1930 in Kempten/Allgäu erfolgte, wurde sechs Tage nach ihrer Geburt, am 10. Januar 1925, in der katholischen Pfarrkirche St. Lorenz in Kempten/Allgäu getauft. Ihre Taufpatin war Rosa Schwarz aus Thalhofen. Nach der Hochzeit der Eltern, also ab Frühjahr 1930, führte Klara nicht mehr den Nachnamen Gasser, sondern hieß Klara Schwarz.[86] Gleiches galt für die zweite Tochter des Ehepaars Schwarz, die am 30. Juni 1928 in Kempten/Allgäu geborene Maria Regina[87]. Die später geborenen Kinder Rosemarie[88], zur Welt gekommen am 4. Dezember 1933 in Kempten/Allgäu, und Martin, geboren am 9. Februar 1935 in Kempten/Allgäu, waren ehelich und führten von Anfang an den Nachnamen Schwarz.

---

[85] Heiratsurkunde Bernhard Josef und Klara Zibell vom 12. Juni 1946.

[86] Auszug Taufregister katholischen Pfarrkirche St. Lorenz in Kempten/Allgäu vom 24. November 1945. Zum Nachnamen Gasser vgl. Impfschein Klara Gasser Impfbezirk Kempten/Allgäu vom 9. Juni 1926.

[87] Maria Regina Schwarz, verheiratete Venuta, starb am 14. Januar 2019 in einem Altersheim in Kempten/Allgäu.

[88] Rosemarie lebt seit ihrer 1955 erfolgten Hochzeit mit Perry Dearman in den USA.

Das Ehepaar Karl und Klara Schwarz bewohnte mit seinen Kindern ein kleines Häuschen in der Illerstraße 17. Die Familie lebte in bescheidenen Verhältnissen. Karl Schwarz war am 6. Januar 1884 in Kempten/Allgäu geboren worden, seine Ehefrau am 21. März 1893. Den Familienaufzeichnungen ist allerdings nicht zu entnehmen, ob Klara ebenfalls in Kempten/Allgäu zur Welt kam. Ihr Ehemann starb am 17. Februar 1970 in Kempten/Allgäu. Seine Frau sollte ihn um sechs Jahre überleben. Drei Jahre nach Karls Tod, am 11. Januar 1973, verließ Klara Kempten/Allgäu, um in ein Altenheim in Marktoberdorf zu ziehen. Dort starb sie am 6. März 1976.

Haus der Familie Schwarz in Kempten/Allgäu

Über die Familie von Klara Zibells Vater Karl Schwarz ist weiter nichts bekannt. Über die Familie Gasser, der Klaras Mutter entstammte, sind den Familienpapieren zumindest rudimentäre Informationen zu entnehmen. Klara Schwarz war demnach die Tochter des am 4. Oktober 1855 in Unterhallau bei Schaffhausen in der Schweiz geborenen Albert Gasser. Verheiratet war Albert mit Klara Hieber, geboren am 7. März 1861 in Zweibrücken. Aus der Ehe von Albert und Klara gingen – soweit bekannt – vier Kinder hervor, nämlich Klara, Klara Zibells Mutter, außerdem der Sohn Albert, der gefallen sein soll, Josef, der um 1900 geboren wurde und um 1935/36 an Herzversagen verstarb, Maria, geboren am 18. Oktober 1894, gestorben am 21. März 1963 in Kempten/Allgäu, und Luise, geboren am 19. Mai 1896, gestorben am 3. August 1971 in Kempten/Allgäu. Der Vater der Geschwister Gasser, Albert Gasser, starb am 5. Juni 1931 in Kempten/Allgäu, seine Ehefrau, Klara Gasser, am 7. Juli 1939 ebenfalls in Kempten/Allgäu.

Wie und wo Albert Gasser und Klara Hieber sich kennengelernt und geheiratet haben, ist nicht bekannt. Eventuell hielt sich Albert zeitweilig in Zweibrücken auf, denn dort war Klara geboren worden und wahrscheinlich auch aufgewachsen. Das ist insofern anzunehmen, als ihr Vater, der Schneidermeister Lorenz Hieber, geboren am 18. Februar 1834 in Krumbach, am 10. August 1905 in Zweibrücken verstorben ist, und ihre Mutter, Luise Quillmann, verheiratete Hieber, sowohl in Zweibrücken zur Welt kam, nämlich am 28. Januar 1837, als auch dort starb, nämlich am 6. August 1897. Vielleicht begegneten Klara und Albert sich in Zweibrücken, um dann eines Tages nach Kempten/Allgäu weiterzuziehen. Möglich ist es, sicher hingegen nicht.

Klara Schwarz, später verheiratete Zibell, wuchs in Kempten/Allgäu auf. Nach dem Besuch der Volksschule durfte oder konnte sie keinen Beruf erlernen, sondern musste sich sogleich eine bezahlte Beschäftigung suchen. Möglicherweise gingen die Eltern davon aus, dass eine Berufsausbildung für ein Mädchen überflüssig war, weil es ohnehin eines Tages heiraten würde und sich fortan um Haushalt, Ehemann und Kinder zu kümmern hätte. Es wäre aber auch denkbar, dass die wirtschaftliche Lage der Familie Schwarz dermaßen angespannt war, dass jeder Groschen, der hinzuverdient werden konnte, wichtig war. Wie auch immer: Im Alter von vierzehn Jahren trat Klara ihre erste Stelle als Hausgehilfin an. Vom 3. April 1939 bis zum 15. September 1941 stand sie in den Diensten des Kemptener Lebensmittelhändlers Michael Mai. Anschließend, vom 27. September 1941 bis 8. März 1943, war sie Hausgehilfin im Haushalt einer Familie Neubert. Vom 15. April 1943 bis zum 15. Juni 1945 arbeitete sie als Hausgehilfin bei dem Stabszahlmeister Anton Gradl in Kempten/Allgäu, vom 2. Juli 1945 bis 14. Juli 1945 als Hausgehilfin bei dem Bäcker Josef Müller in Kempten/Allgäu und vom 17. Juli 1945 bis zum 15. April 1946 als Hausgehilfin bei Otto Gruber, dem Besitzer und Betreiber einer Chemischen Reinigung in Kempten/Allgäu. Nach ihrer Hochzeit mit dem Schuhmacher Bernhard Josef Zibell verzog Klara nach Wiesbaden-Sonnenberg. Ab dem 1. Juli 1946 war sie bei ihrem Ehemann als Stepperin beschäftigt.[89]

XVI. RÄTSELRATEN ÜBER DAS ERSTE RENDEZVOUS VON KLARA UND BERNHARD JOSEF

Wie und wo Klara Bernhard Josef kennengelernt hat, ist nicht belegt. Fest steht, dass die beiden spätestens seit Ende des Jahres 1942 miteinander bekannt gewesen sein müssen. Das beweist ein Brief, den Bernhard Josef, der damals bei der Wehrmacht diente, am 29. Dezember 1942 an Klara geschrieben hat. Darin erkundigt er sich, ob sie „Hans noch getroffen" habe. Das lässt vermuten, dass sich die beiden erstmals in Wiesbaden begegnet sind, denn bei dem

---

[89] Arbeitsbuch Klara Schwarz/Klara Zibell.

angesprochenen Hans könnte es sich um den Ehemann von Bernhard Josefs Schwester, Johann „Hans" Reinhardt, gehandelt haben. In diesem Fall hätte sich Klara zwischen dem 27. September 1941 und dem 8. März 1943 bei Familie Neubert in der Tennelbachstraße in Wiesbaden-Sonnenberg aufgehalten. Sicher ist das alles jedoch nicht, und es ist auch nicht klar, aus welchem Grund sich Klara in Wiesbaden aufhielt. Es wäre denkbar, dass sie im Zuge der de facto am 4. September 1939 eingeführten „Reichsarbeitsdienstpflicht für die weibliche Jugend" und dem anschließenden – 1941 eingeführten – Kriegshilfsdienst nach Wiesbaden geschickt wurde, um dort im Haushalt einer kinderreichen Familie – in diesem Fall den Neuberts – tätig zu werden. Andererseits gab es wohl zeitweise Ausnahmen von der Dienstpflicht für Frauen, die – wie Klara – im Beruf standen und darüber hinaus als Hausgehilfinnen tätig waren.[90] Insofern kann anhand der vorliegenden, eher rudimentären Unterlagen nicht eruiert werden, weshalb die Kemptnerin Klara in jener Zeit ausgerechnet in Wiesbaden lebte, und wie sie Bernhard Josef kennenlernte.

Bezüglich des Kennenlernens der beiden kursieren verschiedene Variationen. Der inzwischen verstorbene Vater der Autorin, Karl-Ernst Hoffmann, berichtete, dass Klara ihm erzählt habe, sie sei Bernhard erstmals in einem Lazarett begegnet. Grundsätzlich ist das möglich, aber nicht nachweisbar, denn gemäß dem einzigen belegten Krankheitsdatum zufolge befand sich

---

[90] Zur RAD-Dienstpflicht für Mädchen und Frauen vgl. Der „Reichsarbeitsdienst der weiblichen Jugend"; abrufbar unter: jugend1918-1945.de [07.12.2020]. Außerdem: Stefan Bajohr: Weiblicher Arbeitsdienst im „Dritten Reich". Ein Konflikt zwischen Ideologie und Ökonomie; in: Vierteljahreshefte für Zeitgeschichte 3/1980; S.331-357 (Hinweis auf Befreiung der Dienstpflicht für Hausgehilfinnen findet sich auf S. 356); abrufbar unter: www.ifz-muenchen.de [07.12.2020].

Bernhard Josef in der Zeit vom 12. bis zum 24. März 1941 wegen einer Angina im Reservelazarett Wiesbaden. Am 24. März 1941 wurde er von dort als „dienstfähig" zur Truppe zurückgeschickt. Zu diesem Zeitpunkt hielt sich Klara jedoch noch in Kempten auf. Sie kam erst im September 1941 nach Wiesbaden. Insofern können sie sich schwerlich in jener Zeit dort kennengelernt haben. Bernhard Josefs zweiter nachgewiesener Lazarettaufenthalt erfolgte im Jahr 1945. Zu dem Zeitpunkt aber waren die beiden längst ein Paar. Abgesehen davon hatte Bernhard Josef seine Verletzung auch nicht in der Heimat auskurieren dürfen, sondern befand sich zunächst in Danzig und später in Mettingen[91] in einem Lazarett, ehe er nach Ibbenbüren verlegt wurde.[92]

Anderen Überlieferungen zufolge hätten sich die beiden kennengelernt, als Bernhard Josef – eventuell während eines Heimaturlaubs – Schuhe an einen Kunden ausgeliefert habe.[93] Grundsätzlich ist auch dies möglich. Allerdings ist nicht nachvollziehbar, wann Bernhard Josef Heimaturlaub hatte. Nur für das Jahr 1940 findet sich in dem im Bundesarchiv Berlin befindlichen „Gesundheitsbuch" Bernhard Josefs ein Hinweis auf eine „Beurlaubung" am 30. September 1940.[94] Dabei ist allerdings nicht klar, um welche Form der Beurlaubung es sich handelte. Es könnte sich also um Heimaturlaub gehandelt haben, genauso gut aber um eine andere, nicht näher bezeichnete Beurlaubung.

Klara Schwarz (1942)

Interessant wäre in jedem Fall, wer in der Zeit der kriegsbedingten Abwesenheit Bernhard Josefs die Schuhmacherwerkstatt in der Mühlwiesenstraße 2 weitergeführt hat, denn ohne einen

---

[91] Vgl. Briefe Bernhard Josef Zibell an Klara vom 23. Februar 1945 (Danzig) und 1. März 1945 (Mettingen).
[92] Vgl. BA Berlin, Best. B 578 Krankenbuchlager; darin: Krankenbuchlager des Reservelazaretts Wiesbaden B 578/K 1912, S. 323 sowie Krankenbuch des Reservelazaretts Ibbenbüren (1945) B 578/B 116 und B 117, S. 452 und S. 175. Außerdem BA Berlin: Gesundheitsbuch (G-Buch) Zibell, Bernhard Josef.
[93] Auskunft Gerhard Zibell.
[94] BA Berlin: Gesundheitsbuch (G-Buch) Zibell, Bernhard Josef.

Handwerker vor Ort hätte Bernhard Josef kaum Schuhe an Kunden ausliefern können, denn niemand konnte wissen, wann der seit 16. Dezember 1939 in der Wehrmacht dienende Schuhmacher wieder in Wiesbaden sein würde.[95] Insofern ist nicht davon auszugehen, dass Kunden die Schuhe auf „gut' Glück" ablieferten. Gab es also einen Vertreter, oder war die Schuhmacherwerkstatt während des Krieges komplett geschlossen? Im letzteren Fall wäre es nicht sehr wahrscheinlich, dass die Bekanntschaft zwischen Bernhard Josef und Klara über eine Schuhlieferung erfolgt ist.

XVII. BERNHARD JOSEF IM 2. WELTKRIEG

Bernhard Josef war zwischen 1939 und 1945 Kriegsteilnehmer. Nachweislich eingesetzt war der später vom Gefreiten zum Obergefreiten beförderte Soldat unter anderem beim III. Artillerie Lehr-Regiment (mot) 2 im brandenburgischen Jüterbog. Später, um 1942, gehörte er der Panzer-Abwehr-Ersatz-Kompanie 36 an sowie der 3. Batterie Sturmgeschütz Ersatz 300 Neiße. Zeitweilig scheint er auch im dänischen Aalborg stationiert gewesen zu sein. Seine weiteren Einsatzorte können vermutlich über die unterschiedlichen Truppenteile, denen er zugeteilt war, nachvollzogen werden. Dies ist zwar vergleichsweise mühsam, aber für den militärhistorisch Interessierten unter Rückgriff auf das mehrbändige Werk von Georg Tessin: Verbände und Truppen der deutschen Wehrmacht und Waffen-SS im Zweiten Weltkrieg 1939-1945, Osnabrück 1973ff., sicherlich nachvollziehbar.

Am 19. Februar 1945 verlor der damals bei der Stabsbatterie/Heeres-Sturmgeschütz-Brigade 904 eingesetzte Obergefreite Bernhard Josef Zibell, seit dem 8. Februar 1945 Träger des „Sturmabzeichens"[96], bei einem Angriff durch sowjetische Truppen in der Nähe von Peterswalde, dem heutigen, in Polen gelegenen Pietrzwałd, „die Zähne am Unter- und Oberkiefer".[97] In seinen vom 23. Februar und 1. März 1945 stammenden Briefen an Klara sorgte er sich darum, ob sie ihn mit seiner Verletzung überhaupt noch haben wolle: „Ja[,] mein Liebling[,] nun ist es

---

[95] Krankenbuchlager des Reservelazaretts Wiesbaden B 578/K 1912, S. 323; in: BA Berlin, Best. B 578.
[96] Verleihungsbestimmungen vom 1. Juni 1940: „(1.) Das Sturmabzeichen kann an Offiziere, Unteroffiziere und Mannschaften der Waffenteile verliehen werden, die weder unter die Bestimmungen für die Verleihung des ‚Infanterie-Sturmabzeichens' noch unter die Bestimmungen für die Verleihung des ‚Panzer-Kampfabzeichens' fallen und die ab 1. 6. 1940 1. an 3 Sturmangriffen, 2. in vorderster Linie, 3. mit der Waffe in der Hand einbrechend, 4. an 3 verschiedenen Kampftagen beteiligt gewesen sind. Erfolgreiche gewaltsame Erkundungen sowie Gegenstöße und Gegenangriffe sind als Sturmangriffe zu werten, sofern sie zum Nahkampf geführt haben."; zitiert nach: http://www.lexikon-der-wehrmacht.de/Orden/asa.html [20.07.2020].
[97] Besitzzeugnis Sturmabzeichen vom 8. Februar 1945. Schreiben Bernhard Josef Zibell vom 16. März 1954 an das Versorgungsamt Wiesbaden.

auch eine Frage, ob Du mich überhaupt noch magst, so ein Alter ohne Zähne."[98] Ganz offensichtlich hat der Verlust der Zähne nicht dazu geführt, dass Klara ihn verließ. Die beiden blieben – bis zu Bernhard Josefs Tod – ein Paar.

Doch das war für Bernhard Josef zu dem Zeitpunkt, da er den letzten Brief schrieb, alles andere als klar, zumal er natürlich nicht wissen konnte, ob es ihm überhaupt gelingen würde, lebendig nach Hause zurückzukommen. Nach dem oben angesprochenen vorübergehendem Lazarettaufenthalt Anfang 1945 wurde der Obergefreite Zibell am 31. März 1945 nämlich wieder für „kv", also kriegsverwendungsfähig, erklärt und der „Ers.[atz] Truppe im W.K.A. [Wehrkreisamt] […] Nebenstelle Rheine" zugeordnet.[99]

Wenige Wochen später, am 2. Mai 1945, geriet Bernhard Josef in Ratzeburg, heute Schleswig-Holstein, in englische Kriegsgefangenschaft.[100] Die Kriegsgefangenschaft verbrachte Bernhard Josef in dem britischen Kriegsgefangenenlager 2224 in Jabbeke, Provinz Westflandern, Belgien.[101] Allgemeinen Berichten zufolge waren die Zustände dort schwierig. Wahrscheinlich mangelte es, wie in anderen POW[102]-Camps auch, an Versorgung mit Lebensmitteln und Kleidung, und die hygienischen Zustände dürften ebenfalls kritisch gewesen sein. Bernhard Josef

---

[98] Schreiben Bernhard Josef Zibell an Klara vom 1. März 1945.
[99] Zentrale Personenkartei ehem. Wehrmachts-Auskunftsstelle (WASt); in: BA Berlin, B 563-1, Kartei Z-150/0397.
[100] Anmeldung Bernhard Josef Zibell bei der polizeilichen Meldebehörde vom 6. September 1945. Außerdem: Kartei Kriegsgefangene; in: BA, ZA 11/Kriegsgefangene III/ENGL:/2369-0228.
[101] Anmeldung Bernhard Josef Zibell bei der polizeilichen Meldebehörde vom 6. September 1945.
[102] Prisoner of War = Kriegsgefangener.

hatte jedoch das Glück, schon recht bald nach Hause entlassen zu werden. Am 29. August 1945 erhielt der Gefangene mit der Nummer B 647529, „O[ber].G[efreiter]. […] Zibell B." eine Ent-lohnung für seine Tätigkeit als Schuhmacher im Gefangenenlager in Höhe von 33 RM sowie zwei Bescheinigungen, die eine ausgestellt von einem Captain, die andere von einem Sergeant, in denen es hieß: „To whom it may concern. This PW 647529 Zibell B. has been on the staff of this camp for 8 months and has been a willing and reliable worker." Und: „This man has been employed in the workshop as a shoemaker and is reliable and a good worker. […]"[103]

XVIII. RÜCKKEHR AUS DER KRIEGSGEFANGENSCHAFT

Anschließend machte sich Bernhard Josef wohl auf den Weg in Richtung Wiesbaden, das in der amerikanischen Besatzungszone lag. Auf dem Weg dorthin musste er sich vermutlich bei der zuständigen Besatzungsbehörde melden, um in die amerikanische Besatzungszone über-haupt ein- und später dann weiterreisen zu können. Wo genau er sich melden musste, ist aus den überlieferten Papieren nicht zu ersehen. Fest steht jedoch, dass er am 30. August 1945 offiziell aus dem Militärdienst entlassen wurde. Das wurde ihm von einem Captain der US-Armee namens V.N. Shepheard bescheinigt. Doch ehe er die Weiterreise nach Wiesbaden an-treten durfte, musste er eine medizinische Untersuchung über sich ergehen lassen. Die wurde – laut Entlassungsschein – von Marinestabsarzt Dr. Josef Deppe vorgenommen, der ihm beschei-nigte, „fit to travel", also reisefähig, zu sein und darüber hinaus unter keiner ansteckenden oder übertragbaren Krankheit zu leiden sowie ungezieferfrei zu sein.

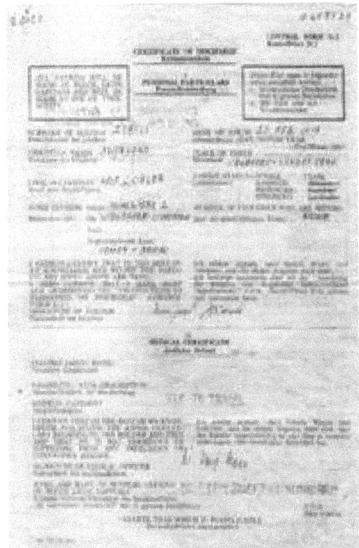

---

[103] Bescheinigung des Captains und des Sergeants für Bernhard Josef Zibell, o.D. „Wen es angeht. Der Kriegsge-fangene 647529 Zibell B. gehörte der Besatzung dieses Camps acht Monate lang an[,] und er war ein williger und zuverlässiger Arbeiter." „Dieser Mann war in der Werkstatt als Schuhmacher beschäftigt und [ist] ein guter Arbeiter. […]."

Wenige Tage später, am 2. September 1945, wurde ihm in Lollar, das damals ebenfalls in der amerikanischen Zone lag, ein Entlassungsgeld in Höhe von 40 RM ausgezahlt.[104] Nachweisbar ist es nicht, aber es könnte sein, dass sich die gesamte Prozedur, der sich Bernhard Josef zwischen dem 30. August und dem 2. September 1945 unterziehen musste, in Lollar abspielte.

Nach seiner zwischen dem 4. und 6. September 1945 erfolgten Rückkehr nach Sonnenberg nahm Bernhard Josef seine Tätigkeit als selbstständiger Schuhmacher in der Mühlwiesenstraße 2 wieder auf. Zwei Jahre später, am 20. September 1947, wurde er Mitglied des Männergesangvereins „Gemüthlichkeit" Wiesbaden-Sonnenberg. An jenem Tag bescheinigte ihm der 1. Schriftführer des Vereins, Karl Geist, im Namen des Vorstands: „Der unterzeichnete Vorstand beehrt sich, Ihnen die ergeb.[endste] Mitteilung zu machen, daß Sie Ihrem Wunsche gemäß und in Folge der stattgefundenen Abstimmung am 7.ten August 1947 als: aktives Mitglied in den M.-G.-V. „Gemüthlichkeit" aufgenommen worden sind. [...] Mit Sängergruß [...]."[105]

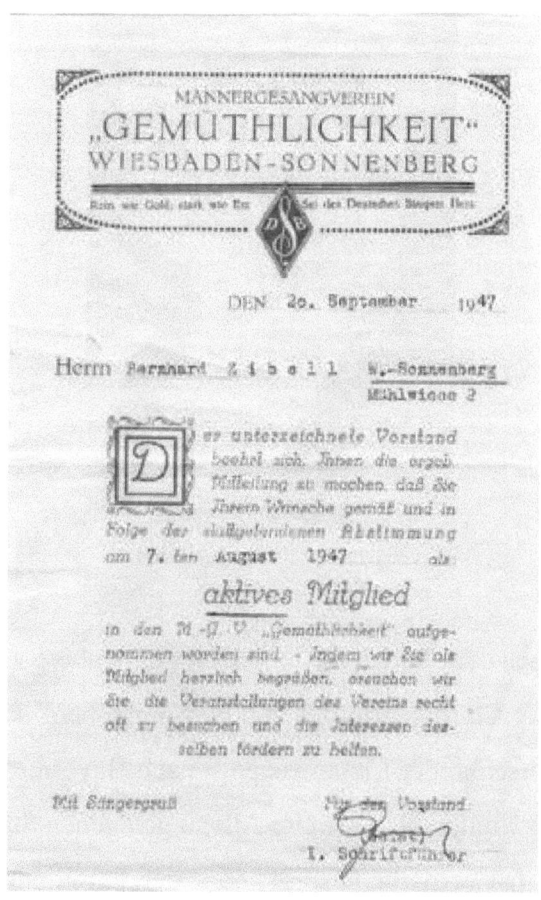

[104] Entlassungsschein für Bernhard Josef Zibell, o.D., o.O.
[105] Mitgliedschaftsbescheinigung vom 20. September 1947.

Wie bereits erwähnt, betrieb Bernhard Josef sein Geschäft bis kurz vor seinem Tod im Jahr 2001, unterstützt von seiner Ehefrau Klara, genannt Cläre, die seit 2010 wieder in Kempten/Allgäu ansässig war und dort am 11. Februar 2016 in einem Altersheim verstarb.

EPILOG

Klara und Bernhard Josef wurden 1948 Eltern eines Sohnes namens Gerhard. Im Jahr 1957 erfolgte die Geburt des zweiten Sohns Hans-Peter. Keiner der beiden konnte sich nach Abschluss der Schule für eine Ausbildung zum Schuhmacher erwärmen, um anschließend das Geschäft in der Mühlwiesenstraße 2 in 3. Generation fortzuführen. Insofern fand die Schuhmacher-Dynastie der Zibells in Sonnenberg in dem Moment ihr Ende, als Bernhard Josef seine Werkstatt Ende der 1990er Jahre gesundheitsbedingt schließen musste.

Gerhard Zibell (ca. 1951)

Während der eine Sohn nach dem Tod der Eltern nach Sonnenberg zurückkam und das Haus in der Mühlwiesenstraße übernahm, kehrte der andere Sonnenberg schon als junger Mann den Rücken. In verschlug es – schon der Liebe wegen – nach Bayern. Allerdings nicht in die Geburts- und Heimatstadt der Mutter, also dem im Allgäu gelegenen Städtchen Kempten, sondern nach Oberbayern. Damit hat er dafür gesorgt, dass der Familienname Zibell auch in Süddeutschland Einzug gehalten hat.

Relativ weit verbreitet ist der Name im östlichen Teil Deutschlands, unter anderem rund um Berlin. Aber auch in Teilen Niedersachsens sowie Nordrhein-Westfalens finden sich Zibells.

In Süddeutschland, und zwar sowohl in Baden-Württemberg als auch in Bayern, ist der Name eher selten.[106]

Hans-Peter Zibell (1960)

Das ist insofern erstaunlich, als sowohl das Internet als auch „Matthias Lexers Mittelhochdeutsches Taschenwörterbuch" behaupten, dass Zibell eine Ableitung des mittelhochdeutschen Worts „zwibolle", „zibolle" oder „zwibel" sei und nichts anderes als „Zwiebel" bedeute.[107] Da es sich bei der Zwiebel um eine seit Jahrtausenden genutzte Pflanze handelt, die keineswegs nur in bestimmten Teilen der heutigen Bundesrepublik Deutschland bekannt war, wäre zu erwarten gewesen, dass der Name eigentlich in einer relativ gleichmäßigen Verteilung in allen Gegenden Deutschlands vorkommt. Vor allem, weil die bayerische Bezeichnung für Zwiebel, nämlich Zwiefe, Zwiefel oder Zwiwe[108], sowohl dem mittelhochdeutschen als auch dem neuhochdeutschen Wort ähnelt. Bestimmte Personen aus bestimmten Gründen also mit dem Namen „Zwiebel" zu belegen, woraus denn später Zi(e)bell wurde, wäre demnach auch für Bayern nachvollziehbar gewesen. Warum das nicht der Fall ist, müssen Etymologen herausfinden, also Menschen, die sich mit der Herkunft von Wörtern beschäftigen. Bis dahin müssen wir uns mit der Erkenntnis begnügen, dass es in Süddeutschland relativ wenige Zibells gibt.

---

[106] Vgl. hierzu Zibell (Familienname); abrufbar unter: wiki-de.genealogy.net [08.12.2020].

[107] Matthias Lexers Mittelhochdeutsches Taschenwörterbuch. Stuttgart [37]1986, S. 342. Außerdem: Bahlow, Hans: Zibell – Definition des Nachnamens; abrufbar unter: forebears.io [08.12.2020].

[108] Vgl. www.bayerisches-woerterbuch.de [08.12.2020].

Dr. Stephanie Zibell, Jahrgang 1966, studierte Politikwissenschaft, Germanistik und Publizistik; 1992 Magister Artium, 1999 Promotion, 2003 Habilitation. Zwischen 2003 und 2020 Privatdozentin am Institut für Politikwissenschaft sowie am Historischen Seminar/Abteilung Zeitgeschichte – an der Johannes Gutenberg-Universität Mainz mit dem Schwerpunkt Regionale Zeitgeschichte. Wissenschaftliche Auseinandersetzung mit der Zeit des Nationalsozialismus und den Anfängen der Bundesrepublik Deutschland, zum Beispiel „Jakob Sprenger (1884-1945). NS-Gauleiter und Reichsstatthalter in Hessen" (Darmstadt 1999) und „Politische Bildung und demokratische Verfassung – Ludwig Bergsträsser (1883-1960)" (Bonn 2006). Außerdem rege Beschäftigung mit Regionalgeschichte, zum Beispiel „Rheingeschichten" (Frankfurt am Main 2008), „Rheingaugeschichten" (Frankfurt am Main 2009), „Der Freistaat Flaschenhals" (Frankfurt am Main 2009), „Gemeuchelt! Mörder und Gemordete in Rhein-Main" (Frankfurt am Main 2010) oder „Wein am Mittelrhein" (Frankfurt am Main 2014). Im Jahr 2019 erschien das Buch „Hessinnen. 50 Lebenswege" im Waldemar Kramer-Verlag in Wiesbaden. Stephanie Zibell ist Mitglied der Hessischen Historischen Kommission Darmstadt und der Historischen Kommission für Nassau.